"中国劳模"系列丛书

采油工里的"金牌技师"：杨海波

侯林鑫 / 著

吉林出版集团股份有限公司
全国百佳图书出版单位

图书在版编目（CIP）数据

采油工里的"金牌技师"：杨海波 / 侯林鑫著. -- 长春：吉林出版集团股份有限公司，2023.4
（"中国劳模"系列丛书）
ISBN 978-7-5731-3092-1

Ⅰ.①采… Ⅱ.①侯… Ⅲ.①杨海波 - 传记 Ⅳ.①K826.16

中国国家版本馆CIP数据核字(2023)第039598号

CAIYOUGONG LI DE "JINPAI JISHI"：YANG HAIBO

采油工里的"金牌技师"：杨海波

著　者	侯林鑫
组稿统筹	东北师范大学文学院创意写作研究中心
撰写指导	余　弓
责任编辑	宫志伟　邢　扬
装帧设计	李　鑫

出　版	吉林出版集团股份有限公司
发　行	吉林出版集团社科图书有限公司
地　址	吉林省长春市南关区福祉大路5788号　邮编：130118
印　刷	唐山富达印务有限公司
电　话	0431-81629711（总编办）
抖音号	吉林出版集团社科图书有限公司　37009026326

开　本	710 mm × 1000 mm　1 / 16
印　张	9.75
字　数	97千字
版　次	2023年4月第1版
印　次	2023年4月第1次印刷

书　号	ISBN 978-7-5731-3092-1
定　价	45.00元

如有印装质量问题，请与市场营销中心联系调换。0431-81629729

序言 PREFACE

　　劳动创造财富，劳动创造幸福，劳动创造未来。习近平总书记在2020年全国劳动模范和先进工作者表彰大会上的讲话中指出："全社会要崇尚劳动、见贤思齐，加大对劳动模范和先进工作者的宣传力度，讲好劳模故事、讲好劳动故事、讲好工匠故事，弘扬劳动最光荣、劳动最崇高、劳动最伟大、劳动最美丽的社会风尚。"当今世界，综合国力的竞争归根到底是科技人才和高素质劳动者的竞争。改革开放以来，我们强大的工人队伍用辛勤劳动和拼搏奉献推动中国制造、中国智造、中国创造走向世界的前列，新时代的中国面貌日新月异。大力弘扬劳模精神、劳动精神、工匠精神，加强高素质技能人才队伍建设，打造一支宏大的知识型、技能型、创新型劳动者队伍是伟大时代赋予我们的历史责任。

　　劳动模范是民族的精英、人民的楷模，是共和国的功臣。自改革开放以来，广大职工勇立改革潮头，独立自主，奋发图强，勇于创新，其中涌现出一批批全国劳模和大国工匠，他们参与建设了代表中国高度、中国速度、中国深度的一系列重大工程，提升了国家实力，打造了"中国名片"，树立了"中国品牌"，增添了"中国力量"，充分释放出工人阶级的创新活力，展示出大国工匠强大的创造能力。他们以工人阶级的满腔热忱在各自平凡的工作岗位上创造了辉煌的业绩，书写了新时代的壮丽篇章。

爱岗敬业、争创一流、艰苦奋斗、勇于创新、淡泊名利、甘于奉献的劳模精神，崇尚劳动、热爱劳动、辛勤劳动、诚实劳动的劳动精神和执着专注、精益求精、一丝不苟、追求卓越的工匠精神，是广大劳动群众在社会生产实践中锤炼形成的弥足珍贵的精神财富，是工人阶级伟大品格的具体体现，是民族精神和时代精神的生动体现。民族复兴需要劳动模范，祖国强盛需要大国工匠，中国制造、中国智造、中国创造更需要大国工匠的强有力支撑。劳模、工匠等的成长故事、先进事迹中承载的劳模精神、劳动精神和工匠精神，是激励全国各族人民团结奋斗、勇往直前的强大精神力量。

"中国劳模"系列丛书，采用图文结合的方式，讲述全国劳模、大国工匠和先进工作者的成长经历及他们追梦、筑梦、圆梦的故事，用他们在平凡岗位上创造不平凡业绩的真实故事感染读者，形成劳动最光荣、劳动最崇高、劳动最伟大、劳动最美丽的社会风尚，引导广大技术工人和青少年形成劳动光荣、技能宝贵、创造伟大的观念。

"匠心筑梦，强国有我。"新时代是万象更新、生机勃勃的时代，也是一个继往开来、创新创业和建功立业的大时代。希望广大读者能以劳动模范为楷模，以大国工匠为榜样，立志技能报国、技术强国，踔厉奋发，勇毅前行，锤炼思想品格，汲取劳动智慧，勇于担当、勤于钻研、甘于奉献，为推进新型工业化和乡村振兴，加快建设制造强国、质量强国、航天强国、交通强国、网络强国、数字中国、农业强国，为全面建设社会主义现代化国家贡献青春力量。

中华全国总工会副主席（兼）

中国航天科技集团有限公司第一研究院

211厂14车间高凤林班组组长

2022年11月

传主简介

杨海波,1976年生,黑龙江泰来人。1994年成为一名采油工人,现为中国石油天然气集团有限公司大庆油田有限责任公司第四采油厂第一作业区北六队采油工。获全国五一劳动奖章、全国五一巾帼奖章,被授予"全国劳动模范""全国妇女创先争优先进个人"称号。

杨海波是一名"油二代",她对油田有着一份特殊的感情。当年,从技校毕业的杨海波进入大庆油田工作,有着不屈精神的她立志在油田做出一番贡献。无论遇到什么苦难,杨海波都勇敢面对,坚韧和执着是她的代名词,也让她为油田创造了巨大的价值。

2007年,杨海波凭借优异的工作表现和熟练的操作技术，被大庆油田聘为企业内训师，研发"差异化""形象化"教学法和"5＋4"培训法，开发"员工自助学习系统"、手机培训软件"海波题库通"，主编、参编多部专业图书。

2012年，成立杨海波工作室，带领员工进行多项技术革新。

2013年，获全国五一劳动奖章、全国五一巾帼奖章。

2015年，被授予"全国劳动模范"称号。

杨海波带领众多学员走上技术成才的道路，完成革新成果100多项，获得"全国技术能手""全国能源化学地质系统大国工匠"等荣誉称号，享受国务院政府特殊津贴。

目 录

| **第一章　小河边的童年** // 001

　　河与海 // 003

　　榜样父母 // 005

　　"你可真轴" // 008

| **第二章　立志在学堂** // 011

　　小学中的成长 // 013

　　中考的变故 // 015

　　技校争光 // 017

| **第三章　光荣上岗** // 021

　　千锤百炼 // 023

　　私改工服 // 026

　　"生活处处是螺丝" // 034

| 第四章　继往开来 // 041

　　成为培训师 // 043
　　"偷"儿子的玩具 // 050
　　杨海波的头号支持者 // 053
　　一往无前 // 055

| 第五章　好师傅、好伙伴 // 061

　　"差异化"教学法 // 063
　　人生的导师 // 068
　　铁面柔情 // 074

| 第六章　"粉丝"遍布油田 // 081

　　桃李遍地 // 083
　　相辅同行，千帆竞发 // 090
　　美名远扬 // 098

| 第七章　成立工作室 // 103

　　建设培训室 // 105
　　技术革新 // 110
　　对家人的亏欠 // 113

| 第八章　走向人民大会堂 // 121

　　喜获荣章 // 123
　　从新人到典范 // 128
　　永远的石油工人 // 139

 第一章　小河边的童年

河与海

  阳光攀过山坡，均匀地洒进还泛着凉意的空气中，初春的黑龙江刚刚从冰雪的天地中舒展开身躯，冻得又干又硬的大地再一次伴着春风吐露珍藏已久的绿色。这明朗的光线映着绿色，流过树林，流过房顶，流过小河，最终流到黑龙江省齐齐哈尔市泰来县一户人家的窗子上。1976年5月2日，在这样一个阳光和煦的日子里，让泰来县的这户家庭倍感欣喜的是：他们可爱的女儿——杨海波，出生了。

  泰来县在黑龙江、吉林、内蒙古三省（区）交界处，素有"塞北江南"之称。这里属于松嫩平原的边缘地带，草原、林地和湿地广阔分布，三四月时，丹顶鹤、黑头鹤、鸳鸯、红嘴鸥等几十种鸟类迁居于此，五六月则有著名的"三花""五罗""十八子""七十二杂鱼"迎击着风浪到滩边产卵，漫长的冬日丝毫不能掩盖小城的盎然生机。

  杨海波出生于这样一个生态良好的小县城里，在这样一片辽阔的自然风光中，她的童年有着无限的乐趣。父亲杨军和母亲毕世荣为生计奔波，小海波就和奶奶、叔叔生活在农村。

  村子的前面有一条小河，是嫩江的支流。夏天时，弯弯曲曲的河流在郁郁葱葱的树荫下潺潺流动，蛙类高亢的鸣叫声和聒噪有力的蝉鸣和谐地混杂其间；冬天时，小河结冰，将冰面上的积雪踢开就可以在上面"打出溜滑"，要是能扫出一大块地方来，还能滑爬犁、抽冰尜。小河是村里孩子们的乐园。

小海波特别喜欢这条小河。爸爸在家的时候，她总是骑在爸爸的肩膀上，让爸爸抓着她的两条小腿，她则抓着爸爸的头发，来到小河边上玩耍。

从小就勤学好问的小海波，总是有各种问题问爸爸："小鱼是怎么游泳的呢？""蚊子为什么要咬人呢？""河里的水流到哪里去了呢？"

有一次，小海波在河边问爸爸，"海波"是什么意思。

"海波就是大海的波涛。"

"大海是什么？"

"大海在很远的地方，它像小河，但比小河还要大、还要宽，我们的小河最后就是流到大海里去了。"

"比小河还宽！"小海波惊讶地捂起了嘴巴。

"那我很喜欢大海，它要是比小河还漂亮的话，我要去看看它。"

小海波听到了父亲爽朗的笑声。她抓了抓父亲硬硬的头发楂，感觉父亲的笑声就从他的肩膀上传来，弄得她也"咯咯咯"地笑个不停。

"爸希望，你以后也像大海一样。"父亲最后说道。

像大海一样，那是什么样呢？小海波纳闷地想，但这个疑问很快消散在父女二人的笑声中了。

榜样父母

杨海波的父亲杨军是大庆油田的一名工人。他在1971年的招工中，从农村来到大庆，进入采油队。那时的采油工人工作条件非常艰苦，要住在采油的工地上。因为在一个钻井上的作业时间是有限的，所以工人们住宿的营地都要随着钻井移动，在哪里开一口新的钻井，营地就要随着搬到哪里去。工人们住的是能够移动扎营的铁皮房子，换新营地的时候，卡车就拉着蓝色的大铁皮房子搬到新的钻井附近。

北大荒的风是硬的，它在无边的黑土地上自由地奔行，即使是开春以后，也能吹透工人们的棉裤和护膝，大家甚至觉得它能穿透铁皮房子，因为很多工人常因风湿而感到膝盖痛。

大庆油田在1959年被发现、1960年被开发，成为新中国发展"中流砥柱"的工业原料产地。这片异常珍贵的油田，是在新中国十周年大庆前夕被发现的，因此这片对新中国发展具有特殊意义的油田，便被命名为"大庆油田"，中国石油工业的新发展，也由此开始。

石油是"工业的血液"，大庆油田的开发，扭转了我国因石油产量不足而严重落后的工业发展态势，这一战略资源不仅具有工业和经济建设上的意义，它还与国家意志和国家命运紧密联系在一起。

东北的寒风吹着身体，工人们的心里却是火热的。每一位石油工人心中都有着崇高的信仰，这份工作的价值和意义已经远远超过了它本身。当《我为祖国献石油》的歌声响起的时候，从天南海北前来支援的石油工人心中的激动和澎湃都难以言说。杨军也时常哼着这首歌，小海波没用父亲教，自己就听会了。

……
天不怕，地不怕
风雪雷电任随它
我为祖国献石油
哪里有石油
哪里就是我的家
……
地下原油见青天
祖国盛开石油花
天不怕，地不怕
放眼世界雄心大
我为祖国献石油
石油滚滚流
我的心里乐开了花

钻井机二十四小时不停歇，工人们分成几班轮流作业，很久才能回家探望一次。但他们都为能给祖国做出贡献而感到骄傲，正是这样不分昼夜的努力，让我国甩掉了贫油的帽子，父亲和工友们这种艰苦奋斗的精神，在小海波的心里烙下了深深的印记。

母亲毕世荣因病不能工作，在家里专职做家务。每天早上天还未全亮，毕世荣就开始烧火准备做饭。冬天的炉火会让玻璃窗里侧蒙上一层白色的水汽，小海波就会在窗子上用手指画着太阳、白云、小狗、爸爸、妈妈和自己，直到妈妈喊她吃饭。

虽然父亲在外工作，但家里生活依然很拮据，母亲就自己养鸡、养猪，给生产队放羊，任何能做的活儿她都去做，好补贴家用，同时还帮衬叔叔和舅舅们。

小海波特别想帮妈妈分担生活压力，因为她知道妈妈有风湿性心脏病，已经做过一次开胸手术，但妈妈从不喊累、不喊疼，这样的家庭氛围使得小海波从小就明白责任是什么。

那时候，小海波最盼望的就是一家人坐在一起，吃又肥又香的炖鱼，那是住在河边的小海波最喜欢吃的东西。但炖鱼可不是随时都能吃到的，一定是家里特别重要的日子，她才有机会享受这一美味。

虽然家庭条件限制了物质生活的享受，但小海波拉着爸爸妈妈的手，围坐在饭桌边的时候，她感到幸福、快乐，她知道这两个高山一样有责任感、能吃苦的人，是她一生要学习的榜样。

"你可真轴"

舅舅家的表姐二萍,是小海波最好的玩伴。二萍比小海波大两岁,自己也是个小孩。平时大人们都不在家,总是二萍带着小海波玩儿。她们两个在房后的平地上欻嘎拉哈[1],用从米缸里拿来的米粒捉"小家雀儿",或者在收麦子的时候捡麦秸尖编小蚱蜢、小蜻蜓和小兔子。但她们两个最喜欢的,还是去河边翻石头,捉小虾,或挽起裤腿,直接拿着小筐在河里捞鱼,一派天真,欢乐无限。

二萍和小海波在河里捉的,有蝲蛄、小青虾和不及筷子粗的小鱼。

早饭后的小河上,太阳已经升起来,不一会儿河水就会变温,不那么冰脚,而且这时候的阳光很柔和,水面不会反光,能够清楚地看到水下的小鱼和小虾。她们拿着从家里带出来的小柳条筐,弯着腰在水里摸着。

蝲蛄是不能直接用手抓的,因为会夹人。以前她们用小青虾

---

[1] 嘎拉哈(gǎlāhà)是少数民族方言,指的猪、羊等动物后腿踝骨中间的活动的骨头。在东北、华北地区,人们将嘎拉哈作为一种游戏的用具。欻(chuā)本是拟声词,后在东北方言中演变成了动词,形容极快地将嘎拉哈散开的动作。

捉到过几只蝲蛄：用捉到的小青虾靠近蝲蛄，蝲蛄就会循着味道夹住小青虾的身体，这时候就要拉着小青虾的尾巴一下子把蝲蛄一起提出水面，蝲蛄的夹子还夹着小青虾不放，它就被抓上来了。但是二萍把蝲蛄放到小筐里之后，小海波好奇地用自己肉嘟嘟的小手指去戳它们亮晶晶的背壳，于是就被夹了。小海波立刻放声大哭，二萍费了好大的劲才把小海波的手指从蝲蛄的夹子里救出来，从那以后她们都不捉蝲蛄了。

捉上来的小青虾和小鱼，二萍和小海波会将它们埋到家里的灶坑灰里烤着吃，灶坑灰在有余热的时候能把红薯烤熟，更别提比她们手指还小的鱼虾了。她们听村里的大人说过，黑龙江有赫哲族，他们是能吃生鱼的，有的人甚至连鱼鳞都能嚼动，在他们的族里很受崇敬。但是她俩不敢吃生鱼，她们还是喜欢吃用灶坑灰烤熟的鱼虾。二萍喜欢吃烤小虾，她喜欢小虾又酥又脆的外壳，小海波则喜欢吃烤小鱼，她觉得小鱼烤熟了之后有肥肉的味道，那时候肥肉可是难得一见的，孩子们吃上一小块能解半年馋。

那天二萍看到了一群聚在一起的小青虾，就在离水面很近的一块石头上，看起来足足有上百只。二萍高兴地用小筐罩住它们，一下子就捞上来一小半，剩下的小虾都四处逃散了。小海波这时发现小虾中间有一只半透明的小鱼，于是一路跟着这只小鱼蹚水追赶。

看她追出去好几米，二萍就在后面喊她："这边还有可多小鱼呢！"

小海波不听，依旧追着那条半透明的小鱼。

二萍有点着急，她往小海波的方向走过去，那边的水比这边的深，已经到小海波的膝盖了，二萍大声喊着："别追了！这边有的是！"

看到小海波还在继续往前走，二萍在水里跑了起来，在后面一把扯住小海波的衣服。小海波回头冲着二萍笑了，她手里抓着那条半透明的小鱼，鱼的嘴巴在空气中一张一合，身上有一条银色的线在阳光下闪闪发光。

二萍学着妈妈的样子伸出手指，在小海波的脑门上戳了一下。

"你可真轴！"二萍又学着妈妈的样子说道。

"轴"在东北话里就是形容一个人特别执拗、顽固，认准一件事就不回头、不服输、不放弃，杨海波小小年纪就显露出"轴"的气质，这种伴随她终生的特质，在小河边被表姐二萍一语道破。

第二章 立志在学堂

小学中的成长

无拘无束的童年时光飞快地过去了。

和小海波一起玩耍的二萍成了一名小学生,她戴着红领巾那种庄严的样子让小海波羡慕不已。

没有了二萍的陪伴,小海波自己在院子里和泥、捉小虫子玩,可越玩越觉得没意思,她总是想着二萍背着书包那神气的样子,还有二萍放学后在她面前大声背诵着的课文,她一个字也不明白。

但她明白了一件事,那就是上学一定好极了。在小海波的要求下,奶奶也送她去上学了。1982年,小海波正式成为一名小学生,这时她只有六岁。刚来到学校的小海波很不适应,上课不是抠抠手就是扯扯袖子,根本坐不住板凳。

在学习汉语拼音时,小海波又是个"大舌头",分不清楚le、lu、lüe,被老师提问时窘得满脸通红,怎么也读不出声来。老师找到奶奶,说小海波太小了,应该过两年再来上学,小海波一听就急了,她哭得满脸都是眼泪鼻涕:"我要上学,我要找二萍……"

为了跟上大家,为了能跟表姐二萍天天在一起,小海波放学了就去找老师学习汉语拼音。在老师的引导下，小海波天天读、天天写、天天练，终于把发音弄清楚了，她标准的发音和清晰的吐字，不比年长于她的孩子差。

俗话说"三岁看老"，那个倔强又有韧劲的小海波养成了不怕挫折、坚定不移的性子，直到今天。

1985年，杨海波上了三年级，转学到油田的小学，和爸爸妈妈生活在一起。

新的学校比农村的小学教学质量好得多，杨海波很艰难地想要跟上同学们的进度，因为成绩跟不上就要留级，老师已经找家长谈过话了。

孩子都要面子，留级不好听、丢人，这对杨海波来说是不能接受的。于是她加倍努力学习，没有课外辅导、买不起练习册，就自己练习。课上，她会把老师讲的知识点飞快地记下来，有时间时再自己按照重点脉络一一整理；课下，她多读课本、多做练习，有不懂的就标注起来，第二天一起问老师。就在这一阶段，杨海波的自我学习能力已经初步展现出来了，在之后的学习中，她总是有着自己的一套方法。

这样坚持了一年多，杨海波的成绩显著提高。有志者事竟成，等到五年级时，杨海波的成绩已经在班级名列前茅了。爸爸和妈妈都抢着去给杨海波开家长会，因为她总是成为被老师表扬的那一个。

杨海波有这样的成绩，全家都以她为荣，然而就在家人都盼望着杨海波能成为家里第一个大学生时，她却没能继续读高中。

中考的变故

杨海波初中毕业前一直在全力备战考高中。临近报考的一个周末,杨海波的父母打发弟弟出去买几样东西,杨海波则在专心做一道数学题,她立志要考全市最好的铁人中学。她完全沉浸在读高中的梦想当中,还不知命运的转折已经悄然来临。

母亲悄悄地推门进来:"姑娘啊,妈找你商量个事儿……"

杨海波抬头望向母亲,她察觉到母亲的眉头发紧,眼睛里有着不寻常的哀伤,杨海波预感到似乎有什么事情将要发生,她的心瞬间提了起来。

"妈,你咋啦?你又是心脏不舒服吗?"

母亲抿着嘴闭了闭眼睛,回头望了一眼低着头靠在门框上的父亲,还是没能把嘴里的话利落地说出来。

"妈,乖啊,坐着别动,我去找药!"杨海波说着已经站起身来,要去给母亲拿药。

母亲患的是心脏二尖瓣狭窄、风湿性心脏病,以前用药物控制着,她只能在家里操持家务,但这两年母亲心脏不舒服的频率越来越高,药物维持效果的时间越来越短,杨海波十分担心,却也不知如何是好。

"姑娘，别，妈这会儿不是心脏不舒服，是……心里不舒服。"

母亲伸出手握住杨海波的手，海波坐到母亲身边。母亲红着眼圈，还没说话，眼泪先流下来了。杨海波看着母亲的泪水，自己也湿了眼眶。

杨海波用手背轻轻拂去母亲脸上的泪珠。她好久没有这样近、这样认真地看母亲的脸了，她原以为，所谓岁月匆匆，离自己还很远，可她现在竟然第一次发现母亲的眼角有不止一道皱纹，母亲的手也是粗糙的，手掌不大，但关节肿胀粗大，都是为这个家辛勤操劳留下的痕迹。

父亲开口了，他的声音比往日更低哑，深深地埋着头，杨海波看不到他的眼睛。父亲说："姑娘啊，医生建议你妈做手术……可是咱家这条件……爸知道你爱学习……是爸对不起你。"

父亲哽咽了几次，才把话说完，只这几句话，聪明的杨海波就已经什么都明白了。家里不富裕，让她读高中和给母亲做手术，两个只能选一个。

她毅然地说："爸，别这么说啊！你们给我生命，把我养大，该我懂事一回了！我不考高中了，我要考技校！"

杨海波含着泪水望着一脸愧疚的父亲和母亲："妈，咱明天就去医院做手术吧！"

母亲把杨海波抱进怀里，柔柔地拍着她的背："妈再等等，等你考完试放暑假的。"

杨海波知道，母亲想让她能安心地去考试，让她这段时间先专心备考。

"嗯,妈你放心吧,我会努力的!我会考好的!等我上班了,我供弟弟上铁中,我供弟弟念大学!"

母亲看着杨海波心中安慰,她知道那个执拗的小海波已经长成一个大姑娘了。

"姑娘,当工人不丢人!做人应该凭自己的努力安身立命,要不是当了采油工,爸妈现在还在老家务农呢。"

"嗯,我是咱老杨家的姑娘!当工人也会努力的。"杨海波笑着搂住母亲的脖子,眼泪不住地流了下来。

杨海波继续在成堆的卷子和习题册里奋战。被"派"出门买东西的弟弟是在二十多年后才知道成绩优异的姐姐为什么突然放弃了念高中、选择去技校。那时姐姐已经成为一名优秀的石油工人,那些习题本上的泪痕也早已被时间风干、抚平了。

技校争光

初中毕业的暑假,杨海波在医院陪护刚做完手术的母亲。

母亲因为欣慰和遗憾,成天流眼泪,导致泪腺枯竭,患上了眼干燥症。

杨海波总是安慰着母亲,笑着说自己没事。她不想母亲为自己这么难过,更加坚定了早日上班、为家里分忧的信念。同时她也相信"是金子总会发光的",上技校不比上高中差!

技校并不比高中好考，那时中考总分才500分，杨海波报考的四厂技校录取分数线就达到428分。杨海波一边照顾母亲一边学习，终于以优异的成绩考上了技校，为这个刚刚经历过一次成功手术的家又带来一个喜讯。

技校的成绩是张榜公布的，那一天，杨海波和父母在大红的榜单前看着排在前面的"杨海波"三个字激动地笑着。全家只有一个人不高兴，就是弟弟。他不明白，为什么一向争气的姐姐忽然上了技校，她不想为老杨家争光了吗？不想给自己做榜样了吗？赌气的弟弟半个月没和姐姐说话。

1991年的初秋，杨海波进入了技校。那时年组优秀学生能得奖学金，每个月是30元钱。全校500多名学生，杨海波总是能拿到全额奖学金。这30元钱，不仅够杨海波自己生活，还能攒下一部分，给家里改善生活，弟弟有了新文具和练习册，杨海波每月放假回家时也能给家里买回好多东西。

她每次回到家时，爸爸早就炖好鱼等着她，家里像过节一样热闹。杨海波看着和气、开心的一家人，自己也不由得满心欢喜，这不就是小时候觉得最幸福的时光吗！

杨海波技校要上两年的文化课，然后再下工地实习一年。杨海波所在的实习采油队是全油田最先进的采油队。杨海波还听说，在这个先进采油队里的职工将来有更多机会保送去职工大学。杨海波为了实现自己的大学梦，承受着异常苛刻的技能训练。

在文化课、专业课之外，先进采油队要求学生们的现场技能操作也要优秀，在智力、体力、技能和毅力方面的要求也很高。

体重不足一百斤的杨海波,要把重达五六十斤的抽油机皮带扛在肩膀上,爬上梯子放下皮带,再进行其他操作。对于瘦弱的杨海波来说,那厚重的皮带简直是另一个自己,这项训练等同于背起超过自己体重一半的大米袋跑上一百米,再来五个深蹲。这不仅是对体力的考验,更是对毅力的检验,对于一个十几岁的小姑娘来说,这种练习是超负荷的,可杨海波不仅要在同样的训练条件下不落后于人,甚至要超越同学成为优秀学生。杨海波只有咬牙坚持着。

为了完美地完成这项操作,杨海波每天背着皮带在抽油机上爬上爬下地练习,最开始的目标是能完成这个动作,达到这个目标后,她还要求自己要做得更快、更灵巧。杨海波每天练习几十个来回之后,杨海波的肩膀磨肿了、磨破了,在扛皮带时火辣辣地疼。等到晚上换下工服时,她发现单薄的工服已经和磨破的皮肤粘在一起,扯动一下,就是生生撕下一块已经结了血痂的皮,杨海波疼得全身紧绷,眼泪不由自主地流出来。胳膊上、腿上也一片淤青连着一片淤青,可这些,杨海波都忍下来了。

1994年,全油田五千多名来实习的学生毕业了。在这五千多名学生中间,杨海波脱颖而出,是拥有五级职业资格的少数人中的一个。这意味着她是这个油田里最顶尖的学生,可以在大庆油田随意挑选分配单位。

杨海波如愿留在了实习时的先进采油队,在这里完成了大学专科和本科的进修,也最终成为中国石油的技能专家,成为众多石油大学的客座教授。

⊙ 1994年7月,杨海波进入大庆油田第四采油厂第一油矿北十一队6001转油站工作

# 第三章　光荣上岗

千锤百炼

1994年，杨海波正式成为一名采油工人。

经过在技校的刻苦学习和一年来在实习岗位上的全身心投入，这份工作的到来已经具有非比寻常的意义。杨海波时刻记得上班的前一天晚上，当了一辈子石油工人的父亲来到她的房间，对女儿能够继承杨家的光荣传统成为一名石油工人而感到高兴。父亲语重心长地对她说："现在油田发展多好啊，条件比爸刚上班的时候好得太多了，能在这样的时代当个采油工是多么幸福自豪的事儿！家里没别的指望，就希望你踏踏实实地当个好工人！"杨海波也明白这份工作背后的使命和意义，她是怀着梦想和希望走向工作岗位的。

刚到队里报到时，杨海波被分配到北十一队的中转站。怀着昂扬斗志来到工作岗位的杨海波，却在值第一个夜班时就被当头泼了一盆冷水。

夜里一点多，杨海波正在专心地巡查各个机器的运作状况，本以为会顺利完成工作的她，却发现一个输油泵盘根突然发生刺漏，她找来一同工作的另一名女工，二人齐心协力给输油泵加了盘根，但是刺漏的情况依然存在，这可把二人急坏了。

按照以前学习的相关知识，加盘根后问题应该能够解决，怎么这次不行呢？尝试无果，她们只好打电话给站长求助。

站长赶到后，只用了二十分钟就排除了二人怎么也排除不了的故障，这给了杨海波不小的冲击。她这回知道，即使自己考取了五级工，但是，之前学习的知识也只是皮毛，对于真正要掌握的本领还要在未来的工作当中长久摸索才行。满身、满脸都是油点的杨海波暗下决心：只有热情是不行的，在以后的工作中，自己一定要不断学习、苦练技能，填补学校和岗位之间的经验差距，尽快适应并胜任这份工作。

杨海波那股不服输的劲儿，让她无论如何也要干出个名堂来。白天，她总是把有关油田知识的书本放在带饭的背包里，一有时间就拿出来学习，就算吃饭的时候也不闲着。在观摩老师傅工作时，杨海波在心里一遍遍地重复着老师傅的操作步骤，有任何不懂的地方都要磨着人家给她讲到清楚明白为止。晚上，杨海波挑灯夜读，跟工作有关的任何一本书她都不放过，每一本书上都写满了她的感受和心得，每个知识点都被她"吃"得透透的。

被换掉的一本又一本记事本见证了杨海波的学习和成长，她把在工作岗位上所遇到的问题和操作方法都记在自己的学习笔记本上，杨海波伏案学习的时候，那摞笔记本甚至高过了她的头顶。

为了掌握更多的抽油机结构和工艺流程，杨海波每个周末都拿着书本来到离家不远的一条井排路。这条井排路抽油机型号多，一个多月的时间里，她都在这条井排路上往返，仔细观察，将书本内容和抽油机的实物一点点对照、了解。七八千米的路，因为观察得细致,她每次要走上三个小时。

功夫不负有心人,三个月后,师傅说她已经能够担任一名集输工主岗的工作了。

半年后,队里将她调到采油工岗位。没想到,准备大显身手的杨海波又遭遇了两次新的挫折。

在一次给抽油机换皮带时,新皮带被扛到了井上,电机螺丝却卸不下来了,这时她才明白,平时演练用井和真正的生产井在工人操作时需要的强度是完全不同的。自认为已经熟练掌握了给抽油机换皮带的方法的杨海波,这次连个螺丝都没拧下来,幸亏班长见抽油机停机许久没有启动,前来增援,杨海波才把皮带安装上。

还有一次,班长让她去热洗。杨海波来到井上,看到井口大大小小的阀门却傻了眼:这和书本上学的完全不一样啊!书本上画的阀门都用不同的颜色标注着,阀门和阀门间的区别一目了然,但是当时杨海波看着井口错综复杂的阀门,觉得头都大了。原来组合井口是有很多种的,有油套连通阀、直通阀、热洗阀……书本上提供的都是简单的零件和组合,到了实际应用中这些组合要复杂得多,也难辨认得多。

这两回遇到难题后,杨海波马上调整好了自己的心态,直接开始在新的工作环境中疯狂补习新知识和新技能。她知道,理论结合实际的道理说起来简单,做起来难,要不断提高自己的实践能力,才能在每一次的工作中不出错、不掉队,大家都说她比别的女同事更细心、比男同事更刻苦。

为了缩短更换抽油机皮带的时间，杨海波每天都在其他员工下班后，回到工位上进行练习。在常用的抽油机皮带型号中，D型皮带是最重、扛起来最有难度的。杨海波就用这种D型皮带进行练习，连最难的都克服了，其他的自然也不成问题。高强度的演练使她浑身都被汗水浸透，肩膀上又一次被磨出道道血痕。但杨海波身上痛着，心里却感到自豪：她已经比上学时那个练习扛皮带的自己成长了许多，懂得了更多知识，也有了更多的实践经验，无论什么困难，都难不倒如今的自己了。

坚持不懈的劲头让杨海波一次又一次战胜眼前的困难，各种操作技术也越来越熟练。1996年7月，杨海波在厂里的技术大赛上夺得了采油工种第一名的好成绩。

这之后，杨海波先后当过集输工、采油地质工、采油工，无论工作岗位怎么变，她都听从安排、勤奋钻研，用东北话说就是"干啥像啥"，凭的就是她那股子不服输、不放弃的韧劲儿，这也是她在工作中屡屡取得好成绩最要紧的"法宝"。

私改工服

年轻的女孩子都爱美，杨海波也不例外。

才十八岁的杨海波很开心，有了工资，可以给自己买漂亮的衣服了。看着镜子里穿着新衣服的自己，杨海波对未来有着很多浪漫的幻想。她多希望能穿着这些漂亮的衣服去上班啊！工作中要穿的工服，实在是太难看了，从头到脚都是土里土气的颜色，再加上肥肥大大的腰身和裤腿，穿上之后就变成了一只"丑小鸭"。

领导看不见的时候，杨海波常趁机偷偷脱掉这身令人讨厌的工服。后来，她想到一个好办法，工服不好看，把它变好看不就行了！

这天下班，杨海波回到家里，坐在母亲的缝纫机前，把工服改成了自己想要的样子。长袖子截掉一截，再封个边，变成半截袖；上衣的后腰处加上腰省，变成能更贴合身材的紧身衣；裤子则直接缝住宽宽的一条，改成直筒裤，大功告成！杨海波穿着自己亲手改造的工服，觉得镜子里的自己时尚极了，这身衣服可比厂里其他人的工服漂亮得多，杨海波很满意。

第二天，杨海波穿着新工服得意地向同事们炫耀，没想到这次耍小聪明却被站长严厉地批评了。

"工服不是为了好看，是有工作时要穿的衣服，所以才叫作工服。你这种私改工服的行为，是对待工作的不认真、不负责。再说了，你不想想，为什么工服要设计成这个样子？那是为了工作方便，为了工作安全。你这个衣服这么紧，你能弯下腰去吗？工服的设计都是人家专家经过多少次尝试才敲定的，那是最适合工作的尺寸，能让你不被机器伤着，还能舒舒服服地干活，你这样改动，首先你的安全就得不到保障……"

站长严厉的批评让杨海波长了记性，在工作时就用工作的态度对待一切，不要搞什么小花样，一切都要对工作负责、对自己负责。从小事做起，杨海波逐渐认识到工作不只是拼力气、拼技术，态度更是重中之重，一切以工作为先，也是这次的教训教给她的。

1997年，爱美的杨海波终于穿上了她心中最美丽的衣服，甜蜜的婚礼过后，杨海波拥有了自己的温馨小家。

结婚前，杨海波和丈夫一边给新家挑选木料打家具，一边计划着脑海中温馨的蜜月旅行，生活中的一切都因为这个重大的改变被染上了喜庆的色彩。

没想到婚礼刚一过，领导就找到杨海波，让她参加全国青年岗位能手技能运动会。杨海波也知道这是一次难得的锻炼机会，立即就答应下来，可是准备比赛需要付出巨大精力，从现在起要更全面地掌握各种型号抽油机的构造和原理，才能得心应手地应对这次比赛。杨海波左思右想，虽然心里有一万个不舍，但还是放弃了和丈夫约定的结婚旅行。

白天上班时，杨海波就去请教单位工作经验丰富的老师傅，晚上，就和爱人一起沿着离家不远的井排路熟悉机型。有了爱人的陪伴，杨海波学习起来心情也更轻松了，能记住的东西也更多了，拿着书本对照着实物，两个人说说笑笑，就把知识点慢慢消化掌握了。

这样的学习不仅让杨海波在比赛中取得了优异的成绩，还加深了小两口的感情。一个月来风雨无阻，每天像散步似的走完七八千米，两个人依偎的身影被记录在月光之中。

很快到了比赛时间，来自全国的青年工人都异常优秀，可以说是"高手如云"，可杨海波还是以第十名的好成绩展示了自己工作以来不懈努力的成果，单位的同事们都为她高兴极了。她用自己的努力为厂里争了光，大家都说这个刚结婚的小姑娘是厂里的骄傲。

当杨海波捧着那个象征汗水和心血的奖牌回到家时，蓝色的天幕已经染得漆黑，明亮的星星不知何时悄悄升上了天空。丈夫抱着杨海波止不住地称赞她，杨海波心中却有愧疚，她知道这次比赛自己虽然取得了好成绩，但却没能和丈夫去结婚旅行，这对刚结婚的小两口曾经那么急切地盼望着这次旅行。

"老公，这回我们终于有时间去旅行了。"

丈夫笑了，他知道杨海波觉得愧对自己，可是这有什么好对不起的？杨海波是个工作狂，这在他们刚认识的时候他就知道了。杨海波不仅工作上勇争第一、不肯轻易服输，而且时时刻刻把工作放在顶重要的位置，他喜欢的也正是这个女孩的坚韧和勤恳。杨海波的这种性格，只要是认识她的人，没有一个不被打动的。丈夫也一样，他要做的就是保护她、支持她，让她的这种品格永不褪色地延续下去。

他笑着对妻子说："媳妇儿，比赛前我们不是每天都走在旅行的路上吗？"

◉ 1997年9月,杨海波(前排右二)参加全国青年岗位能手技能运动会并获得采油工第十名

附:《老婆,情人节快乐!》(摘自杨海波丈夫微博)

亲爱的老婆:

今天,都做什么了?上次回家,听你说又在组织骨干培训,上课的人挺多吧,累不累?我给你发了短信,但你没有回复。

现在已经是晚上10点了,外面下着雪,我睡不着,很想现在给你打一个电话。

这个时候,上课的早都回家了,你还在查阅书籍或者忙着编写教案吧。你做什么事都那么认真,总是尽力做到最好!

老婆,明天就是情人节了!在这个属于我们的节日里,我有好多话想对你说,但又不好意思开口,就趁这个机会写几句吧!

老婆,在彼此相濡以沫的这十几年里,我感到生活是如此美好与甜蜜。你老说,这些年你亏欠我的太多,亏欠这个家太多。其实,我一点也不觉得。

每年过年前,你都提醒我早点给爸妈送些钱去,让他们置办点年货。逢年过节,你总是把买好的礼品交给我,叫我给爸妈送去,让老人觉得我是一家之主,让他们宽心。其实,爸妈都明白,有好儿媳才有好儿子。你知道吗?咱爸咱妈都以有你这样的好儿媳而骄傲,他们常说起你的辛苦和懂事,叫我要多体贴你,多做家务。

儿子写的作文《我的妈妈》你看过了吧，他都把你当成偶像了。至于我嘛，就更不用说了，娶了你是我这辈子最大的幸福。真的，我知道你对事业的挚爱，也知道咱这个家在你心中的分量，更知道你对我的一片深情。

老婆，你被推选为油田功勋员工了，我为你感到高兴的同时，心里也有些不安，因为你会越来越忙，我和儿子更难见到你了。一想到你忙起来就吃不好睡不好的，我心里就不是滋味儿。他们说，你经常胃疼，这我可得说说你了，你好好工作我不反对，但是，前提必须要有个好身体。所以，老婆啊，无论是为了你爱的事业，还是为了爱你的家人和朋友，你都要多保重。

唉，你的工作专业性、技术性太强，我也帮不上啥忙，只能尽量把老人和孩子照顾好，把咱这个家照顾好，让你安心工作。这周末我送完儿子去补习班，抽时间把换洗衣服给你送到办公室去。放心吧，不会打扰你工作的，我会悄悄地去，悄悄地回……

好了老婆，不早了，就先写到这吧，答应我，替我照顾好你自己。

老婆，你辛苦了，节日快乐！

爱你的老公

2013年2月13日

"生活处处是螺丝"

生活中处处是学习的机会,这是杨海波始终坚定的理念。

一个霞光满天的傍晚,厂里的员工都有条不紊地进行着日常的工作。两名巡检的女工在确定生产运行一切正常后,有说有笑地走进了值班室。其中一名就是参加工作仅一年多的杨海波,今晚她值夜班。

"海波,该吃晚饭了。"同伴说着从背包里拿出饭盒来,打开盒盖,带着浓浓的家常烟火气的饭菜立刻传出勾人味蕾的香味,同伴已经迫不及待拿出筷子吃饭了。

而杨海波从背包里拿出来的,却不是饭盒,是一本被饭盒烫热了的书。杨海波专心致志地开始看书,好像干了一下午活、累得够呛的人不是她,饭菜的香味也飘不进她的鼻子似的。

"海波,你这是唱的哪出戏呀?不着急吃饭倒先看起书来了?"同事平时跟杨海波的关系很好,两个年轻人年纪又差不多,总是打打闹闹的,就笑着把书从杨海波手里抢了过去。仔细一看,是一本《集输工》,老厚的一本培训教材,同事又佩服又好笑。

"我还以为是什么好书这么吸引人呢!不就是一本《集输

⊙ 2000年，杨海波（前排右一）所在大庆油田第四采油厂第一油矿北十一队6001班组

工》吗？难道它还能当饭吃呀，你快点给我吃饭吧！"

"你不知道，它可是我的精神食粮。"说完，两个人都笑了。

在技校认真学习采油工相关知识并取得好成绩的杨海波，哪知道今天会成为一名集输工。虽然学校学习的知识比较系统，她对集输工的相关工作内容也懂个大概，但是要成为一名专业、优秀的集输工人，技校的那些知识可不够，所以杨海波就在忙碌的工作中抽空学习集输工的专业知识。她总是事事都要做好，做到自己满意为止，想要成为集输工种的行家里手，她得空就给自己充电。为了督促自己时时看书，杨海波就把书贴着饭盒，放在饭盒的上面，这样上夜班打开背包要吃饭的时候，总是能先把书摸出来，自然而然就不会忘记看书了，这样的"小聪明"杨海波还有很多，只要跟学习有关的事，杨海波样样都放在心坎上。

刚上岗没多久，全矿掀起了抽油机管理全面上水平的热潮。当时，杨海波在井组负责十四口抽油机井的日常管理和规格化工作。她每天都要给抽油机井的井口挨个除锈、刷漆、平整井场，日常的工作量非常大，白天一点也得不到休息。杨海波几乎每天都是朝霞刚刚染上红晕就出门，天边一片暮色的时候才回家。

有一天，班组里一位计量工的孩子突然生病，这孩子才三岁，但是这次生病比较严重，医生说必须住院观察，这可给同事难为坏了。孩子太小，住院这样的大事离不开妈妈，再说要是不去看着，自己也根本放不下心，可是矿上也离不开自己，计量工作是每天都要做的，一次也耽误不得。同事早上到了岗上，一边工作一边开始抹眼泪。看着她既着急又为难的样子,杨海波想:队里管理上水平很重要,这是荣誉,但同事家孩子的病也同样不能耽误,这是生命。

"姐,谁都会遇到点难事,你放心去医院照顾孩子吧,我晚下班多干点也没啥。"就这样,本来工作就很繁忙的杨海波为了同事能够安心陪孩子看病,主动承担了两个人的工作。那段时间,她白天上井场,搞规格化、取样、量油、填写报表,晚上把各项资料带回家反复校对资料全准率、设备完好率和利用率等指标,几年来积累的深厚理论基础,在这时派上了用场。杨海波庆幸自己曾经多学了那么一点,正是这一点知识,成全了一位母亲终日担忧的爱子之心。

就算是代班,杨海波也做得很出色。有一年秋天,厂、矿联合大检查,在这次大检查中,杨海波所管的油、水井和代管的计量间,全部达到了一类水平,综合排名全厂第一。这不仅是靠杨海波的勤奋和吃苦耐劳,更是靠她平时的学习积累,才能让她在需要的时候游刃有余地做好自己职责以外的工作。

不仅要学得多,还要学得巧,这就不得不提起杨海波在参加全国青年岗位能手技能运动会时的另一个小故事。

练习更换干式水表芯子,是让杨海波最头疼的一项操作。在拧那条六角螺丝时,杨海波总是感觉自己的手指不够灵活,拧螺丝的速度很慢,别的操作杨海波都能快速准确地做完,唯独被这一颗小小的螺丝耽误了进度,让整个操作总是不能在规定时间内完成，这让杨海波很不甘心。她只有天天练、时时练，盼着能够把这个问题快点解决，后面还有别的操作等着她练习呢。然而事情的进展并没有想象中的顺利。

手指被拧六角螺丝的练习划出了一道道口子，杨海波越是着急，就越是不得要领。直到有一天，杨海波拧开护手霜的瓶盖时，突然灵光一闪：这样的瓶盖正好可以用来练习拧螺丝呀！

从那以后，这些不起眼的化妆品小瓶就成了杨海波练习的"秘密武器"。只要一有时间，杨海波就顺手拿出化妆品的小瓶练上一会儿，渐渐地，她的手指比刚来集训的时候灵活多了，拧螺丝也不再像开始时那么僵硬，训练到最后，杨海波已经能在三十秒内熟练地拧下八条螺丝，实际操作水平大大提高，此时的她别提多开心了。

经过半年的艰苦训练，杨海波在最终的比赛中取得了采油工种全国第十名的好成绩，她各项表现都很优秀。拧螺丝的技术尤其展现出她非比寻常的灵巧，让评委们都不禁赞叹。

杨海波仅用六分钟就娴熟地完成了全部操作，评委老师们都不停地点头和微笑。她是前十名获奖选手中年龄最小、参加工作时间最短的，能在这种情况下获得如此优异的成绩，凭借的就是行之有效的学习方法。

用劲用在巧处，化妆品也能练技术，杨海波这次是把"小聪明"用对了地方。

不管有用没有，先学了再说，这是杨海波总能在比赛中过关斩将的关键。

2003年11月的一天早上，例行巡井的杨海波发现一口高产井电流下降。经过她的分析判断，该井应该是浅部断脱。杨海波马上将这一情况汇报给了技术员，队里立即联系吊车进行换杆处理。

按照职责，杨海波只需要汇报完毕就可以离开，她需要做的就是第二天再来落实该井作业后液量、电流、压力等数据。但杨海波可不会轻易放过这个学习的机会，在现实中见到打捞抽油杆的机会是十分难得的，她一定要趁机观察一下井下的设备情况。

没有地方坐，也没有挡风的位置，杨海波就蹲守在井上，几乎目不转睛地看着维修班的工人们一根根地起杆换杆，仔仔细细地留神观察着井下设备的布局和细节，把现场学习到的知识都记在自己的学习笔记上。冬天的早上风是很大的，零下十几度的天气让杨海波几乎握不住笔，要时不时地把手指放进兜里暖一会，可一旦把手伸出来开始写字，几秒钟就又被冷风吹僵了，她一边暖手一边记笔记，字写得歪歪扭扭的。直到换杆完毕，她已经在寒风中冻透了，身子和脸都被冻得麻木。

杨海波马不停蹄地赶回到计量间落实量油，量油结果显示该井已经恢复正常。杨海波又赶紧掏出自己的学习笔记，回味着在现场记下来的宝贵笔记，杨海波觉得这一趟太值了，自己的专业知识又有所长进。

"生活处处是螺丝"，处处都是学习的机会。作为一名石油工人，实际操作在工作中的重要性是不必再说的。从工作中的点点滴滴

⊙ 2002年，杨海波在大庆油田第四采油厂第一油矿北十一队担任计量工

来收获实际经验，杨海波靠的就是这种"无孔不入"的学习精神，哪里能够学操作、学技能，哪里就能看到杨海波的身影。她的笔记本是她的宝贝，上面记载的全是纯一手、最实用的现场操作技能和状况分析。有时候同事调侃她："杨海波，把你的宝贝笔记给我吧。"杨海波就笑着摇摇头："借你可以，给你可不行。"

第四章 继往开来

成为培训师

做好员工难,做好老师更难。

2007年,公司聘请杨海波做技师考试的培训师,为准备考技师的学员进行培训。虽然杨海波自己也刚考上高级技师不久,但让杨海波当培训师,大家都服气。她自己首先是一个时刻把做好工作放在心上的人,在做准、做好的基础上还能帮助其他工人,之前给大家讲课也是生动形象、深入浅出,这让杨海波的"好老师"名声不胫而走,这个培训师的岗位真是非她莫属。

杨海波自己也对授课的工作颇为自信,自己已经给学员讲过课了,并且效果都很好。在作为培训师第一次走上讲台授课的这一天,杨海波已经在课前做好了充分的准备,信心满满地要打响这"第一战"。她连着几天晚上收集资料、撰写教案,还对着镜子自己做了好几次模拟排练,声调语气、手势动作一点不落,儿子在旁边捂着嘴偷笑,被发现后就大喊一声"老师再见",然后飞速溜走。

第一天的课程果然像预期一样进展顺利。杨海波在课堂上旁征博引、言简意赅的讲解获得了学员们的认可,她在家里设计的互动点也都得到了热情的回应,杨海波心里对这堂课非常满意,可以说是一个"开门红"。

正当杨海波满意地准备下课时,一个声音打断了这个完美的体验,坐在中间的一位学员问了一个让杨海波意想不到的问题。

"老师,请问如何利用计算机进行制图?"

面对学员的虚心求教,杨海波一下子红了脸。这个问题她不会呀!以往的制图多是趴在桌子上用纸笔完成,电脑制图这种高科技的新技术自己还没有接触过。但杨海波知道是自己的准备不充分导致了这个尴尬局面,而且搞生产就是要与时俱进,不能在"舒适圈"待久了不出来。杨海波立刻承认自己的不足,并且把自己的想法也告诉了学员们,让大家也多留心在油田生产方面的新技术。

"对不起,我不会计算机制图。"杨海波这句话说得很艰难。对于一个老师来说,还是一个第一天走上讲台的老师,在所有学员面前承认自己不会是多么难为情的一件事,但杨海波做到了,她从来不是一个因为耻于认错就不敢向前的人,主动出击是杨海波的一贯风格。

回到家,杨海波立刻打开电脑,上网查询有关电脑绘制机械制图的所有词条,寻找一个适合自己的最快、最好的学习方法。她在图书馆查询相关书籍,把十几本有关的理论教材都捧回了家。她还订阅了《电脑报》《办公软件应用》等专业报刊、书籍,只想用最快的速度掌握这门给了自己一个下马威的新技术。

时间好像回转到十几年前，杨海波在学校背书做题的那股子拼劲儿又一次被激发了出来。她提前了自己的闹钟时间，四点五十就起床，简单洗漱后就坐在书桌旁开始学习，晚上下班后也要熬夜苦读，她的斗志被点燃了，感觉自己好像又年轻了几岁，浑身有使不完的劲。

这次学习的目标不仅是自己学会，更重要的是让学员学会。怎么样在最短时间内让学员们迈进电脑制图的大门，是杨海波首先考虑的问题。为此她去拜访了有丰富制图经验的工程师郑福森，这次的"取经"让杨海波很受启发，给制图教学的方案增加了不小的助力。

经过一段时间废寝忘食的恶补，杨海波已经能够熟练地运用电脑绘图软件绘制机械图纸了，与此同时，她还把"形象化"教学法与电子教学相结合，形成了一套自己适应、学员适用的有效学习方法。大家都认为杨海波这个老师当得好，教什么都能让人学会，有她当老师真是大家的福气。

自杨海波2007年被聘为厂里的培训师以来，经历过数不清的大赛，只要是杨海波带领参加的技术大赛，采油工种的团体和个人第一名几乎不会旁落；在公司举办的技术大赛中，采油工种的团体和个人第一名也几乎都被她所在的采油四厂包揽。杨海波的这番成绩，离不开她自己的刻苦钻研，更要紧的是，她能够结合学员们学习的特点和进度制订行之有效的教学计划，她的用心和勤奋是她能够游刃有余的基础。

杨海波多么希望，自己如今的一番成绩也能让母亲看看，然而这个愿望永远也实现不了了。"妈妈"这个词，现在只能冷冰冰地躺在杨海波的手机通讯录里，那个号码永远也无法再拨通，再也没有一个人能够抱着杨海波，听她叫妈妈了。

这个号码会永远存在杨海波的手机里，它不仅包含着杨海波对妈妈的爱，同时还有杨海波对妈妈浓浓的、却再也弥补不了的愧疚。

2001年，杨海波的母亲毕世荣因为心脏尖瓣移植手术引发并发症，患上了脑血栓。虽然医院及时进行了抢救，毕世荣却因此丧失了语言能力，而且下肢也受到影响，不能走路了。一次次的病发使毕世荣的身体越来越差，她几乎只能躺在床上，眼睛又因为之前患上的眼干燥症，视力也不如从前，那段时间是她人生中最难熬的日子，她所有的期盼就是儿女能够多回家陪陪她，因为她自觉已经时日不多了。

母亲总是盼着儿女们能好好工作，为国家出一份力，但是到了如今，她忍不住想要多听听儿女的声音，她常常给杨海波打电话，却说不出完整的句子，只能发出咿咿呀呀的声音，她听着女儿那边忙着工作的声音，多恨自己不能表达对女儿的思念啊！杨海波在电话里怎么猜也猜不出妈妈想要说什么，又急着去工作，就说："妈，您讲些啥，我现在忙，过段时间再回家看您啊。"毕世荣躺在床上只想哭，可悲的是由于眼干燥症，她的眼睛现在想流眼泪也流不出来，要不是惦记着儿女，她真不知道自己的人生还有何意义。

杨海波当时正在忙的是金牌队的工作。金牌队验收刚一结束，她立马赶回家看妈妈。她不是不想妈妈，她只是尽力把时间用在能将效率最大化的地方，早结束工作，就能早回家安安心心地看妈妈，可杨海波忘了，人的情感是不能和效率联系在一起的，人的命运也是无法提前安排和计算的。

急匆匆回到家的杨海波，没想到等着她的是母亲已经成了植物人的噩耗。之前的手术产生的并发症很严重，一次大面积的脑血栓复发，使妈妈失去了拥抱杨海波的机会。毕世荣已经做了两次心脏手术，又加上这次并发症，身体越来越虚弱，渐渐地已经不认识人了，每天只能躺在床上昏睡。看着母亲这个样子，杨海波失声痛哭，她没有一天不在心里默默地祈祷，希望母亲能挺过来，但她什么也帮不上，只能任由泪水淹没一个个难捱的白天和黑夜。

在入院治疗二十天后的一个下午，带着对家人的不舍，带着对生活最后的眷恋，毕世荣静静地离开了。杨海波无法接受这残酷的事实："妈，您怎么就走了呢？不要我们了？爸爸怎么办，我们怎么办？妈……"杨海波看着即将被推进火化间的妈妈，心被撕成无数碎片。

母亲去世的那一天，是杨海波永远说不出的遗憾。弟弟打电话来，说医生已经下了病危通知书，让她立马从单位赶过来。可是单位这边实在是不能撒开手，杨海波只好一边在心里挂念母亲,一边尽力稳住心神完成工作。等杨海波终于忙完工作,准备打车赶到医院的时候,接到了弟弟的电话。弟弟在电话里已经哭得说不成话了:"姐,你怎么还不来啊……"不到一个小时,就在这短短的不到一个小时的时间里,杨海波就和自己的母亲天人永隔了。母亲在医院的弥留之际,是杨海波最后能陪伴她的机会,然而自己却没有及时赶来,这份痛永远留在了杨海波的心上,每当她想起母亲,都只能偷偷地在深夜用眼泪为自己疗伤……弟弟告诉杨海波,母亲快走的时候,一直唠叨着要等她回家来吃鱼。在最后的时刻,毕世荣最挂念的还是自己的儿女,可其中一个却没有在她的身边。杨海波因为没有看到母亲最后一面而遗憾,母亲又何尝不是因没有见到女儿而带着遗憾离开人间!

母亲去世二十一年了,家里还始终有一个习惯,就是每当家人们团聚在一起的时候,不论是不是节假日,杨父必定做上一道红烧鲤鱼,这也是他思念妻子的一种方式。

毕世荣一生做了两次心脏手术,一辈子没有上过班。她最大的希望就是女儿能把工作做好,石油工人这个角色对这个家有着非凡的意义,以前每次备赛的时候,她总是一遍遍帮女儿考问着复习题,希望自己能帮上女儿的忙,盼着女儿能取得好成绩。女儿工作以后,她又常常告诉女儿:"忙就不用总回来了,家里都挺好的。"为了让女儿在油田安心工作,毕世荣总是报喜不报忧,发病急救的时候总是等到病情都稳定了,才最后一个通知女

第四章 继往开来

⊙ 2012年，杨海波在教授员工技能操作

儿，平日里这些苦痛都是父亲杨军和弟弟在默默承受。毕世荣年轻的时候怎么对待丈夫，做母亲后就怎样对待女儿，她的一生几乎也是为油田奉献的一生。

如今女儿当上了厂里的培训师，应该是毕世荣最想看到的一幕。她为孩子们无怨无悔地奉献着，没有哪一天不盼着女儿能够做出好成绩，这样她在天上也能够心安了。

如她所愿，如今的杨海波已经成了厂里离不开的人，大事小事，只要有困难，大家都愿意找杨海波帮忙，杨海波也愿意主动帮助大家。凡事以工作为先，是伤痛也是骄傲。

"偷"儿子的玩具

一天清晨，一个胖嘟嘟的小男孩正蹲在地上玩着拼装玩具，他用短小的手指费力地把两段圆管插在一起，想要做成大城堡的旗帜，但是怎么也安不上，他不急也不恼，就一个劲儿地在那里自己摆弄着。

这个小男孩就是杨海波的儿子小雨阳，这套玩具是奶奶买给他的。杨海波看着儿子，突然一个惊奇的想法蹦到她的脑海中，这种塑料玩具不就是一个个零件吗！三通、四通、直角弯头、阀门、管段,这不全是管路组装用的零件吗!

原来杨海波凭借着多年的实操经验和优异成绩,再加上为人细心又热情,早就成了厂里的"小老师",大家有什么不会的、操作不明白的,都会来问她,久而久之,已经步入了讲师的行列。最近在给学员们讲的,正是管路组装的相关知识。

管路组装需要的空间感和想象力比较强,光听讲很难实际领会到组装的结构和方式,由于现场实践的机会不多,很多学员都在这一部分犯愁。杨海波想的正是把这一套跟管路组装零件相仿的拼装玩具带到单位去,在给学员们讲解的时候用作示范。

"一个两个人学不会,我还能给他们开小灶多讲讲,可这大多数人都学不会,就是我的方法不够有效啊!"杨海波已经为这一部分的教学讲解伤脑筋好多天了,这下正好能解决杨海波眼前的烦恼。她等到儿子放下玩具走开,就偷偷地把这套玩具装进包里带走了。

用玩具讲课,果然有效果。讲台上出现了花花绿绿的儿童玩具,学员们都觉得很新奇,在下面交头接耳地开着玩笑,但是等到杨海波用这套玩具开始模拟管路组装的相关操作,学员们立刻明白了杨海波的良苦用心。

玩具虽然简单,但模拟起管路组装的零件来,真是巧妙。每一个接头的安装和不同零件之间的拼接,还真就给这套玩具模拟出来了!学员们不禁端正了态度,时不时点着头沉思,纷纷拿出笔记本又写又画地记录着。杨海波看到学员们这次很快就理解了自己讲的内容,也非常开心,"又解决了一个难题",杨海波在心里默默给婆婆和儿子点了个赞。

从这以后,每一批学员学到管路组装知识的时候,杨海波都会把这套塑料拼装玩具拿出来,有了实物演示,学员们学习的时候既轻松又好理解。几次下来,这套玩具已经成了厂里的"公共财产",很多技师在考试前,都向杨海波借这套玩具,其他厂的员工听说了,也有过来向杨海波切磋讨教的。大家的求知若渴,深深地打动着杨海波。这种干劲儿和探索精神,也从学员们的身上传递到杨海波的心里。她不仅收获了作为老师的成就感,也和学员们取长补短,收获了自己所没有的长处。

在杨海波心里,单位就是一所大学校,生产实践就是大家最好的课堂,每个人都是学生,每个人也都是老师。在学习新知识的过程中,不能一味地"走老路",还要有更多的创新精神。就像这次用玩具作教具,收获了超出预期的效果,但要不是敢想敢干,怎么能收获这样的成果!

搞生产,也要有些"异想天开"的想法才行,这种想法日后在杨海波的脑海中催生了许多的新创意,让她和团队实现了多项创新成果,为大庆油田甚至整个中国的石油行业减少了损失、提高了效率,迈上一个新的台阶。

杨海波的头号支持者

提起这个给了杨海波新创意的婆婆，实在是杨海波在家里的头号支持者。

2000年的时候，杨海波收获了人生的又一个幸福，她和丈夫即将拥有一个属于自己的孩子，这是夫妻二人一直以来都期盼的。

成为"准妈妈"的那段时间，杨海波是队里的地质资料员，每天要有八小时的时间坐在桌前手工抄写、核对各种数据，队上每一口油水井的参数、压力她都了如指掌，就这样一直忙碌着，杨海波一直到预产期的前七天都在工作。

这可心疼坏了丈夫和婆婆，因为丈夫白天也要工作，所以杨海波在单位忙工作的时候，婆婆就在家里给杨海波煲汤，中午趁热用饭盒装了，给杨海波送到单位。中午看着她吃完饭，婆婆又回到家给杨海波夫妻俩准备晚饭，就这样一直到孩子出生，杨海波整个人足足胖了一圈。

生产时，孩子因胎位不正导致脐带绕脖，疼得杨海波力气都没了才把小雨阳生出来。那时候的小雨阳还没有一只刚生下来的小狗大，又瘦又小，小脸皱皱巴巴的。小雨阳由于生下来的时候身体过于虚弱,每分钟心跳只有七十次,一出生就被送进了恒温箱,二十多天才重新回到了爸爸妈妈的怀抱。

看到自己辛苦孕育的宝宝是那样弱小无助,杨海波难过得哭了好几次。夫妻两个更加疼爱这个孩子,他们精心地照料小雨阳,吃的用的都尽二人的全力给他最好的。在这样的精心呵护下,小雨阳已经两个月大了,小脸越来越红润,身体也渐渐地恢复正常。

这时候正赶上队里要争创油田公司金牌采油队,杨海波心里想着给自己的队加油助威、用自己的力量帮助技师们提高成绩,可如今正在休假,杨海波也只能在家里急得团团转。工作在前面等着,她却只能干看着,杨海波急了几天实在受不了了,跟丈夫和婆婆商量,要回到厂里去上班,之后又做通了全家的工作,决定停休产假立刻回到岗位,婆婆负责在家给小两口带孩子。

一旦投入工作中,杨海波又恢复了在厂里工作的风格,自己都顾不上吃饭,更别说管孩子了。送奶的时间短,次数还少,可怜的小雨阳经常是饥一顿饱一顿,之前本来身体底子就薄弱,还对含有蛋白质的奶粉、牛奶等食物先天过敏,只能靠喂食米汤、面糊糊来补充营养。这可愁坏了心疼大孙子的奶奶,"孩子这么小,可怎么办啊?"婆婆开始唠叨起来,"别人上班也没像你这样辛苦啊,没白天没黑夜的,既照顾不好自己,也让我大孙子跟着遭罪!"可是抱怨归抱怨,为了杨海波的工作和大孙子的健康成长,婆婆还是任劳任怨地担起了照顾小雨阳的全部责任。这段时间，小雨阳几乎每天晚上都是在奶奶的怀里睡着的。

充满理解和支持的家，就是杨海波的大型"充电站"，无论在工作时怎样的烦心、疲惫，回到家里的杨海波总是能感到无比的温馨和充满力量。正是这种力量让杨海波一直阳光、自信、积极地面对工作和生活，因为她自己在生活中体会到的是家人对她无微不至的关心和付出，她也将这种情感带入到工作中，在岗位上奉献自己。每当遇到困难，她总是先想自己能做什么，而不是逃避；同事需要帮助的时候，她也总是想自己能帮助什么，而不是一味地责怪。正是这样美好的家庭给了杨海波一个坚强的后盾，让她在岗位上能够有时间和精力去做更多的创新、帮助更多人成长，让她执着地为油田事业奉献自己的全部。

一往无前

不服输的人，最后一定会有所成就。

从小学时练习汉语拼音，到技校时期的全额奖学金、五级工职业资格，再到现在的厂技术大赛采油工种第一名、大庆石油管理局技术大赛第五名、全国青年岗位能手技能运动会第十名，甚至作为公司培训师做竞赛总教练，杨海波从来没有因为眼前的成就而沾沾自喜、止步不前。

2006年，杨海波报考了大庆石油学院自学考试的石油工程专业。已经成为厂里数一数二的优秀员工的杨海波知道，理论和实践同样重要。以前刚从技校毕业的自己，书本知识多于实践经验，刚上岗就遇到了许多明明很简单、自己却解决不了的问题。后来随着工作经验的增加，很多问题处理得游刃有余了，但是好像找不到一个更高的突破口，找不到进步的方向，杨海波知道，自己是时候重拾课本了。

报考大学以后，杨海波要用全部的空闲时间来准备考试。单位的工作要做好，有时候还主动帮助遇到困难的同事；家里的事情也要协调好，儿子才六岁，正是最依赖妈妈的年纪，有时候儿子黏着她不走，她就抱着儿子在她怀里玩玩具，自己则一只手捧着书学习。

杨海波一直知道，自己努力获得各种荣誉，并不是为了荣誉本身，而是一心努力做好工作。

还记得参加高级技师考试的时候，杨海波心里是有顾虑的。高级技师考核出来的都是尖端人才，需要极高的技能水平和丰富的实践经验，自己虽然在现在的位置上做得不错，但对于成为高级技师还不知道够不够格。

父亲杨军看出女儿有心事，关切地询问她，于是杨海波就把自己的担忧告诉了父亲。

"原来是为这事呀！我姑娘这么优秀，考试肯定没问题！"杨军故意抬高声调，为女儿打气。

"爸，这次考试我心里还真有点没底。有一道抽油机安装质量验收的题，我老也弄不明白，这可怎么参加考试呢？"

"难道你忘了你爸是干什么的？这个我会，放心吧，有难题老爸教你，明天咱爷俩就把这题弄明白它。"能在自己的专业领域帮助女儿，杨军有点小得意。

"哎呀，爸，我怎么忘了这茬儿了！"杨海波拍着脑门，咧着嘴直笑出声来。

"爸，别明天了，您现在就教我，我可等不及了，这两天都急死我了！"

在杨海波的软磨硬泡下，父女俩商量好吃完晚饭再出门。他们迎着晚霞来到一口抽油机边上，杨父耐心地给杨海波讲解着抽油机的各个部位可能出现的问题，杨海波就像一个小学生一样认真地在一旁安静地听着。一个小时后，"师傅"已经把"徒弟"的困惑全都解决了。

杨海波最后顺利地考取了采油高级技师的职称。想到曾经撑起了家中一片天的父亲，如今把这些宝贵的知识一点点地教给自己，杨海波心里有一种莫名的感动。这不仅是知识的传承，更是一种精神的传承。前辈带动后辈，有知识上的解惑，也有情感上的鼓舞，每一代人都为了石油事业无私奉献、奋不顾身，在杨海波的心里，这就是大庆精神，这就是铁人精神！

在以后的日子里，杨海波也将这种精神传递给身边的每一个人。

在2012年第一油矿第五届技能大赛的备赛期间，参赛选手吴嫚丽特别刻苦用功，就盼着能在大赛中得个好名次。

可天有不测风云。吴嫚丽的母亲得了重病住进医院，家里只有她一个女儿，所以她每天都要去医院护理，下午三点多等母亲的一切都安顿好了才能从油田总医院赶回来。伺候病人不是个轻松的活儿，吴嫚丽现在每天忙得焦头烂额，没有时间和精力再准备大赛了，学习的时候脑子里根本装不进去东西。因此吴嫚丽思量再三，决定放弃这次大赛。

"你看这样行吗？你每天下午从医院回来后，就直接到工作室找我，我给你开'小灶'，保证你培训课程不落在别人后面。"杨海波犹豫了片刻想出来这么个主意。

"真的呀！"吴嫚丽高兴地抓住了杨海波的手。她为大赛已经准备了好几个月了，要说放弃她是真的舍不得。

"当然是真的，我还能骗你呀。"杨海波拍了拍吴嫚丽的肩膀，"好了，快收拾收拾去医院吧，注意安全啊！"

就这样，吴嫚丽也成了杨海波"小灶培训班"的一员。每天下课后，学员们陆续离开培训室，杨海波就留下，把当天的培训内容整理出来，又把前一天吴嫚丽提出的疑难问题重新梳理，尽量在短时间内把其他学员学到的内容都给吴嫚丽讲明白。

一遍学不明白就学第二遍、第三遍，直到学懂为止，谁都不许放弃，吴嫚丽也渐渐被杨海波的坚持所感染。连老师都为了这个目标如此辛苦地付出，自己这个学生还有什么理由不拼尽全力？

经过一个多月的"小灶"教学，吴嫚丽如愿地在这次技能大赛中获得了采油工种第一名的好成绩。从那以后，油田公司集输工岗位技术能手李春丽、集团公司技能大赛采油工种第一名程亮……采油四厂的一线员工技能水平越来越强，有冲劲、有拼劲的名气越来越响。

自己的进步要带动更多人进步，最重要的是要让整个厂、整个油田都形成一种勇攀高峰、不断进取的精神态度。在杨海波的带动下，大家确实对工作有了更高的要求，不少同事都说："杨海波带给我们的不仅是鼓舞，更多的是一种感动。看她这么拼，我们也都想拼一拼，和自己较个劲儿。"

和自己较劲儿，和未来较劲儿，每一个石油工人，在建设祖国的光荣事业中都是怀着这样的信念，不断迎接一个又一个挑战，为了祖国的明天而拼搏，那就是：

自信、坚持、一往无前。

060 | 采油工里的"金牌技师" | 杨海波

⊙ 2017年,杨海波工作照

# 第五章　好师傅、好伙伴

"差异化"教学法

公西华曰:"由也问:'闻斯行诸?'子曰:'有父兄在。'求也问:'闻斯行诸?'子曰:'闻斯行之。'赤也惑,敢问。"

子曰:"求也退,故进之;由也兼人,故退之。"

因材施教在我国的教育事业中一直被格外重视,它作为我国教学理念的一个重要组成部分被沿用至今。杨海波成为公司的培训师以后,也一直把对各学员进行针对性教学的理念贯彻始终。

每天的工作中、下班后,杨海波考虑的总是如何让学员们学会,更要紧的,还要让学员们会学,这是非常有难度的。做一名工人只需要自己掌握技术就可以,而做老师则要在自己掌握的基础上把知识掰开了、揉碎了,教给学员们。自身的知识储备和作为老师的教学方法都要不断提高,杨海波向来要求自己做一行就要做好一行,做老师虽然已经不是一件陌生的事,但是现在培训的课程更加系统化,自己的学员也变多了,为了让每一个学员都能在越来越多的油田开采方式、越来越有难度的管理系统和越来越高的员工素质要求中找准位置、做好工作,杨海波每天都一边教学,一边给自己补习经典教案和视频,认真学习教案编制和教学方法。她想要培养的是能够适应各种发展形势的技能型员工,离开老师，他们一样可以自己成长。

事实证明，杨海波的"差异化"教学法是非常有必要的。在培训的过程中，来听课的学员有老有少，经验和水平相差很多，即使是同一个工种，甚至是同一级别的员工，技能操作水平和接受理解能力也有差别。

李英威2007年刚参加工作，还是个血气方刚的毛头小子。他被矿里抽调参加厂里的技术大赛，加入的就是杨海波的备赛队伍。一开始李英威还不服气，"这人看上去比我大不了多少，咋就当我老师了？"可接下来的指导，却让李英威对这个"小老师"心服口服。

李英威的技能练习一直中规中矩，没出什么错误，可是也没有"出彩"的地方。这要是平时工作当然是没有任何问题，但这次是参加厂里的大赛，必须有点过人之处才能取得好成绩。杨海波经过对李英威一段时间的观察后发现，李英威因为经常拧螺丝导致食指和拇指比较粗大，所以在操作相对较小的电机接线盒时很吃力。

发现了问题所在，杨海波立即制订了针对性的训练方案。她让李英威不用食指和拇指操作，而改用小指，这让李英威感到纳闷："这能行吗？"但他自己也知道这个环节是自己的薄弱点，于是将信将疑地听了杨海波的话。

一开始，李英威用小指操作还感到特别不适应，但一段时间以后，奇迹出现了，他发现自己操作的速度确实快了不少，手指也变得更灵活了，安装速度跟以前比有了大幅度的提升。掌握了这个窍门，李英威的信心大增，各项操作成绩也跟着突飞猛进。受到鼓舞和认可的李英威有了更强烈的夺奖欲望，更加玩命地练习，终于在技术大赛中拔得头筹。

"不服不行。"李英威在这一次比赛后，对杨海波佩服得五体投地。一直以来他都对自己的技术非常有信心，从没觉得自己哪里有什么毛病，可是杨海波一看就看出了他的问题，还巧妙地给出了解决方法，这让李英威从此认定了这个"老师"。

大庆油田的第四采油厂有着光荣的传统。1970年，这里诞生了第一支女子采油队，她们用瘦弱的肩膀扛起了半边天，如今女子采油队的主要油水井就由北六队管辖。北六队有个"美女学霸"李雪莲，可学霸并非一开始就是学霸。

2010年，要求上进的李雪莲主动找到杨海波"拜师学艺"，两人从此便结成了师徒对子。那时李雪莲正在备战厂技术大赛，她有心拼一拼，奈何厂里高手如云，自己的技术操作普普通通，拿什么跟人家争呢？

师傅杨海波知道了她的不自信，就鼓励她："雪莲，别有什么负担，有什么困难，我都陪着你一起克服。"师傅的一番话，给了李雪莲前进的动力和勇气，让她下决心甩开包袱好好拼一把。杨海波针对李雪莲的特长和薄弱点，给她制订了独一份儿的训练计划，师徒俩废寝忘食，一门心思提高技术。有这样的帮助，李雪莲怎么能不进步！

采油工种的桂冠，最终如愿被李雪莲给拿下了。李雪莲和师傅一样，也成了厂技术大赛的冠军。师傅杨海波是集团公司的技能专家，徒弟李雪莲是采油女工中的典型，现如今说起杨海波和李雪莲这师徒二人，上至要退休的老师傅，下至刚参加工作的新员工，没有不对她们两个竖大拇指的，大家都对她们的工作态度和实践技能称赞不已："这姐俩，真是能人，干啥都那么像样！"

李英威和李雪莲的情况，都是杨海波在做培训师初期遇到的，那时候的杨海波还没有意识到自己的"差异化"教学法会在将来给自己的工作室带来多么大的帮助。

"海波，这课真是没法上了，有的学生居然在课堂上睡觉。"有次培训课的课间，一位培训师找到杨海波说起了自己的委屈。原来，工作室刚成立的时候，培训效果是非常不理想的。最开始老师们按照传统的培训方式开设培训班，不分人群，也不分水平，统一授课，很多员工不愿意来上课，在课上不是睡觉就是玩手机。采油队里也觉得来上课是耽误时间，甚至有的队派自己队里的打扫人员来充名额。做老师，最希望的就是学生们能学到东西，大家都辛辛苦苦写教案、备课、准备课件，要是学生连课都不听，对老师们真是莫大的打击。

"李姐，你先别急，昨天我讲课时也发现了这种现象。是不是我们的授课方法哪里不对，咱们回去都好好想想该怎么解决。"杨海波对这个工作室有很多美好的设想，如今出现这种情况，还让其他培训师心里不好受，杨海波嘴上安慰着别人，自己心里却难受得很。

事情既然已经发生，只有积极想办法去改变，不能放任问题继续扩大。为了让授课的状态转变过来，杨海波再一次翻阅了学员的学习反馈单,发现在众多的好评中,也有一部分学员提出了授课内容不实用的意见。课程内容都是培训师们在一起商量着精挑细选的,授课老师也都有着丰富的实践经验,授课内容怎么会不实用呢?杨海波在心里反复盘算着。

突然间,以前为学员们"开小灶"的场景浮现在杨海波的眼前。对呀!以前都是一对一给员工制订有针对性的学习和练习计划,如今大家在一起上"大班课",难免有照顾不到的地方。杨海波来回翻着听课的学员名单,发现大家的水平并不统一,学员的年龄也有大有小,有的经验丰富,肯定就想听些深奥的内容;有些年纪小、刚工作,肯定要听一些入门的内容;有的想学知识,有的想冲刺技师考试……

有着多年教学经验的杨海波立刻意识到,"因材施教"是工作室接下来最应该做的工作。于是杨海波又召集起自己的团队,重新研发了一套"差异化"教学法,根据学员的类型,区别开不同的课程内容进行安排。果然,"差异化"教学法一实施,学员们的学习热情变高了,能精准地学到自己想要学的东西。大家现在都急着来上课,有的学员跟杨海波反映,这种充实自己的感觉太好了,杨海波也为学员们的进步感到高兴。

在之后教学工作的开展过程中,杨海波逐渐摸索出了一套行之有效的"5+4"教学法,就是根据学员的不同水平,把来上课的学员分成五类,包括新入厂员工、一般在岗员工、技能鉴定参考人员、技术工作人员和生产骨干人员,分别开展技术培训、技能强化、考前辅导和经营特训四类培训班。再根据不同的学员类型来准备讲义，进行有针对性的培训，实现了因人施教、因材施教和因需施教，让每个走进课堂的学员都能学习到自己想要学习的知识，培训效果从此之后大大提升，这是让杨海波和老师们都很骄傲的一个创新。这个创新也获得了全国能源化学地质系统先进操作法一等奖和黑龙江省十大职工先进操作法。

在工作中发现问题，并且最准确地找到问题的解决方法，是"差异化"教学法的主要方法，也是杨海波工作的主要方法，正是因为有这种细致认真的态度和有针对性地解决问题的策略，杨海波总是能在最短的时间内用最高的效率完成自己想做的事。

人生的导师

2010年，厂里要选代表参加中央企业技能大赛，这对四厂来说可是件大事。能够代表厂里参赛，必须有过硬的技术，出了四厂的大门，代表的就是四厂的每一个工人，绝不能掉链子、给集体丢人。经过厂里的层层选拔，李英威最后获得了这个宝贵的参赛资格，为了取得好成绩，他参加了封闭训练。

可是人生的挫折总是在意外的时候降临，李英威的母亲患上了拇外翻病症，连正常行走都困难，已经严重影响了生活。但天下的母亲哪个不盼儿子好，为了不影响李英威比赛，母亲硬是没敢告诉儿子，自己偷偷去做了手术。此时李英威的才五个月大的

第五章 好师傅、好伙伴

⊙ 2006年，杨海波（左四）为中央企业技能竞赛学员授课

儿子又突发高烧，李英威的爱人又要照顾婆婆，又要为儿子担忧，丈夫不在家，李英威的爱人又担心、又委屈，经常在家里抹眼泪。

有一次在和丈夫通电话的时候，李英威的爱人终于承受不住心里的难受，放声大哭，把家里的事全都告诉了李英威，这下可把李英威急坏了。李英威从小就没有一个完整的家庭，父亲去世得早，全靠着母亲含辛茹苦地把他拉扯大。他从小就知道要努力学习和工作，因为这样才能在长大以后报答母亲的养育之恩。这回母亲病了，李英威本来就因为准备比赛压力很大，听了这些话，一夜间嘴上就急得起了一个大泡。

这次的比赛意义重大，李英威心里知道，他也不愿意自己之前的努力和厂里对他的期望都付诸东流，可是母亲患病自己却不能陪伴左右，让李英威实在自责和愧疚。他两边都不想辜负，每天都愁眉苦脸的，训练时也总是走神，这让一直指导他训练的杨海波发现了不对劲。

"怎么了，无精打采的？遇着什么难事了，和我说说呗。"杨海波关切地来到李英威身边。

李英威把自己的难处一五一十地告诉了师傅，杨海波想了想说："英威，这件事确实让人犯难。但是你想想，你的母亲不告诉你，不就是怕你分心吗！她现在最想的，就是让你好好比赛，取得一个好成绩，让她骄傲，你可不能辜负了她的心。

"再说，你还记得咱俩正式结成师徒对子那年，厂里组织去铁人纪念馆的事儿吗？你跟我说，你每次来这里参观后，都让你热血沸腾，觉得铁人在那样艰苦的条件下，都有那么大的毅力学习，你特别感动，决心像铁人一样，无论遇到多大的困难也要坚持学习，自己的信念怎么能改呢？

"我是你的师傅，有困难，我们一起想办法解决，不能因为遇到困难就退缩，这不是我们厂的做派，我们谁都不能轻言放弃。你要对得起工作，又不能对不起家人，我们大家都会帮你，你爱人要看顾孩子，我们就帮你照看老人，你就全力以赴地去参加比赛！"

感动的泪水已经模糊了李英威的双眼，他感激地点头说道："放心吧，师傅，我不会放弃的。"李英威给母亲和爱人都打了电话，告诉他们放心，自己一定认真准备，在比赛中一举取得好成绩。后来他果然兑现了自己的承诺。

如今已经成为副队长的李英威，还是时常回忆起师傅对自己的鼓励，"师傅教给我的不仅仅是一门技能，还有对待人生的态度。面对困难不要轻易放弃，是师傅为我们厂定下的规矩。我在以后的工作和生活中都懂得了'坚持'的含义，这是一把万能钥匙，它开启我的智慧，让我一路走到今天"。没有杨海波，就没有李英威的这些荣誉，他也不会在后来走上通往管理岗位的道路。不管是专业上的帮助，还是人生道路的指引，李英威一直在心里默默感谢着杨海波。

"海波，你们就别劝我了，我真不想考高级技师了，都这么大岁数了，也学不动了。"姜萍没精打采地说。

"姜姐，你一点也不大，而且实践经验又丰富，放弃就太可惜了。"杨海波拉着姜萍的手诚恳地劝导她。

姜萍是第四采油厂第一油矿北六队的员工，在工作上是把好手，所在的6#1井组每年检查都是厂里的第一名，被评为"红娘子井站"。但姜萍这些年从来没有参加过比赛和培训，她总是觉得自己能做好本职工作就够了，因此总觉得那些比赛和竞争都是图一些"虚名"，自己不愿意去做。可是杨海波一心想要拉着姐妹们齐头并进，能拉一把的她一个都不落下。每次矿里举办各种技能培训班，她都想方设法拉着姜萍一起来学习，提升技能水平。

"姜萍，马上有个冬训班要开课了，我给你报了名，有时间你就去听听看吧。"

"嗯，好吧，我试试！"姜萍最终被杨海波的真诚打动了，她答应杨海波参加了冬训，因为杨海波说参加竞赛不是为了争名次，是为了学习更多自己平时学不到的东西，有了长进，以后在工作中也能有更多的贡献。

训练的时候，姜萍发挥出以往认真踏实的严谨态度，果然在冬训中学到了不少知识，自信心也增强了不少。趁热打铁，既然参加了培训班，杨海波就又鼓励姜萍报了采油工助理技师培训，并取得了评审资格。在杨海波这位"心理辅导员"及姐妹们的帮助下，姜萍终于通过自己的努力，成功考取了采油工助理技师的职称。

"我得谢谢海波，我以前总是躲在自己的小圈子里不出来，现在才发现外面还有这么广阔的天地等着我去学习。"姜萍有了这次的经验，不仅更自信了，也有了和大家一起勇攀高峰的更大勇气。

第五章　好师傅、好伙伴

⊙ 2010年，杨海波在红娘子井站工作

她想感谢杨海波让她知道了自己的不足,在未来的工作中,不仅是姜萍,大家都被杨海波的精神时时带动着,攀上人生新的阶梯。

铁面柔情

考场上一片寂静,只有唰唰的写字声响着。

这是2013年的一次技师考前的培训班小考。大家都在绞尽脑汁专心答题,希望能够在这次考试中顺利过关,因为他们的老师杨海波可是出了名的严厉。因为培训的要求很严格,大部分学员都是硬着头皮背书,自然也会有小部分人打起歪心思。

后排的一名学员偷偷摸摸地展开了自己早就准备好的"小抄",上面密密麻麻写满了这段时间学习的易混淆的知识点。这些知识点他努力背了,可就是背不下来,里面的零件和操作方法太相近了,他不是搞混了这个,就是弄错了那个。没办法,最后想出了这么一个歪主意。他心里也过意不去,但是又害怕考试不过关,只好一咬牙、一跺脚,干出这种事情来。

自以为天衣无缝的小抄计划,被主考官杨海波识破了。她早就发现有一名学员总是东张西望、探头探脑的,静静观察了一会儿,果然发现他在桌子下面握着一张小纸条。杨海波板着脸走过去一伸手,那个学员就知道自己被抓包了,他把纸条交出去,期盼杨海波能够"从轻处罚",没想到,杨海波直接没收了他的卷子，这让他感觉很委屈，自己只抄了那一道题！

没想到考场上会发生这样的事情。看着两人之间的火药味越来越浓，其他学员也停下笔好奇地看着。后来还是杨海波先平复了情绪："考试是为了检验你们在这次培训中的学习效果，是为了真正让你们学到知识，而不是通过投机取巧的方式侥幸通过测验。"

第二天，杨海波主动找到了这名学员，给他讲解昨天没有答上的那道试题，还帮他整理了易错点和当时培训课的全部重点内容。下班后杨海波又放弃了难得的和家人团聚的时间，留下来给他一遍又一遍地演练实际操作：套丝扣、换盘根、更换阀门……

"无论是上班还是下班，只要有困难你可以随时问我。"

"昨天我还怪您当着那么多人的面，让我难堪，但是现在我明白了您在考场上的铁面无私，是对我们负责任，是为了让我们学到真本领。您是一名真真正正的好老师，也是我的好榜样。"

杨海波用行动践行了自己的诺言，这名学员也被杨海波的真挚所打动，他受到鼓舞，奋发学习，经过一个多月的紧张备考，不仅是这名学员，杨海波这次培训的全部二十二名学员，都通过了油田公司的技师资格考试。杨海波知道这个通过率100%的好消息后，高兴得像个自己考了一百分的小学生，她拿起电话挨个给学员们通知这个好消息，大家在电话里都互相开心地祝贺着。凡是在杨海波这里参加过培训的学员，都知道他们这位老师既铁面无私，又懂得体贴学员，能让学员们学到真正的本领，给学员们无尽的鼓励，大家都很佩服她。

这种铁面无私的精神，不仅对外人是这样，对家人也一样。

2008年5月,一年一度的技能鉴定考试就要开始了。杨海波的小叔子何成威也要参加这次考试,他要考的是集输工高级工,但是那段时间没怎么看书和练习,心里没底,就找到身为考评员的嫂子碰碰运气。

"嫂子,我今年考高级工,准备得不好,你看能不能帮我找找人,过去算了。"何成威讨好地对杨海波笑着。

"不行,我要是这样做了对认真准备的人不公平,我不能开这个口子。"得知小叔子的来意,杨海波果断拒绝了。

何成威什么也没说,转头就离开了杨海波家。杨海波听着小叔子甩门下楼的声音,心里很不是滋味。自己的家里人,应该多照顾的,但绝不是在这种事情上照顾。工作有工作的守则,考试有考试的规章,决不能因为是亲戚就破坏了规矩。虽然不能"走后门",但是这个忙自己该帮还得帮。

以后的几天里,台灯下总是有两个人学习的身影——杨海波和何成威。杨海波给小叔子找来了相关的书籍,带着他一点点由浅入深地学习,还时不时带他到单位去实践操作,在二人的共同努力下,何成威顺利地通过了考试。

以后,要是有想考技能鉴定的人找到何成威,让他帮忙在杨海波那里卖个面子、通通关系的,何成威都会调侃地说:"这事儿你就甭想了,连我都被'大义灭亲'了,你还是好好备考吧。"

2014年,厂里即将举行员工技能竞赛。杨海波作为首席培训师和杨海波工作室的当家人,负责给这次技能竞赛进行培训。很多学员在来之前并不知道这位老师是什么样的脾气,只以为来这里学习很轻松，无非就是报个到，最后再背个材料、考个试，走走过场而已。所以当一个新班开班的时候，杨海波走进教室准备开始一天的训练，却意外地发现偌大的教室里只有几名好学的学员在认真地看书背题，其他人不是请假就是无故溜走。这个情况给了杨海波当头一棒，她怎么也没想到学员们对待学习是这种吊儿郎当的态度。"这种放羊式的培训怎么能在大赛中拿名次？不行，必须严加管教。"

为了震慑学员，让他们端正自己的学习态度，杨海波必须先拿出自己的态度来。她拿起手机给每个学员都打电话通知他们来上课，并且放出了狠话："如果人不到，大家就一起等，人不到齐绝不开课。"就这样，学员们领教了这位老师的厉害，最后全都乖乖地回到课堂准备进行培训。

第一堂培训课因为学员没有到齐，临时改成了"收心课"。学员们听着杨海波在讲台上既严厉又语重心长的教育，都低下了头，认识到自己散漫的学习态度将会给今后的工作带来的影响，还有这种不负责任的行为给老师和同学们带来的伤害，学员们都恨不得找个地缝儿钻进去。从这以后，杨海波严格仔细的大名就被传遍了全厂，学员们只要一听说是去杨老师的课堂上课，都拿出自己最好的状态来，一点儿也不敢懈怠。

彭飞就是在这之后来学习的。

一天，杨海波在乘坐公交车上班时看到了徒弟彭飞，这让她有些许意外。这个小徒弟被家里娇惯得很，平时都是自己开车上班，怎么今天改坐公交车了？

"杨姐，我……我怕迟到再被你狠狠地批评，还是坐公交车比较准时。"彭飞有些难为情地回答。

原来彭飞在开私家车上班的时候，由于时间观念不强，屡屡迟到，影响了其他学员的整体学习进度，所以挨了杨海波好几次批评。彭飞也意识到自己的这种行为给团体带来了不便，于是痛定思痛，为了不拖大家的后腿，一向喜欢睡到自然醒的彭飞决定坐公交车上班，她上好闹钟去公交车站等车，这样固定坐某一时间的班车，就一定能在预定的时间到达培训室，也就不会拖慢同学们的进度了，自己也能收获一个准时的好习惯。

好的开始是成功的一半，彭飞开始认真对待培训之后，大家发现她在学习中的转变也越来越大。在技能培训一开始的时候，彭飞总是嚷嚷着喊累，即使拿个闸门也不情不愿地说重。但接受了杨海波的"魔鬼训练"一段时间以后，彭飞心理上更坚强了，力气好像也变大了，现在让她干拿闸门、扛管钳之类的体力活，在她看来都不算个事儿。

比赛结束后，彭飞并没有获得"新人奖"，她的经验毕竟还少了点儿。但是彭飞一点也没有抱怨，经过这次比赛，她对待学习和工作的态度有了巨大的转变，用她自己的话说，一次的成败决定不了什么，重要的是你做出了什么样的改变，这些改变才是在日后决定自己走向的关键。在杨海波这里培训的这段时间，她觉得自己发生了质的转变，而这些转变将使她终身受益。

是严师，也是益友。杨海波在学员们的心中就是这样一个形象。无论多么严格，学员们明白，杨海波这是为他们好，因为杨海波也正是这样要求自己的。高标准，严要求，杨海波对任何人都一视同仁。但是如果有任何需要帮助的地方，杨海波也总是义无反顾地在自己的能力范围内帮助大家，是一名真正意义上的好老师。

| 080 | 采油工里的"金牌技师" | 杨海波

⊙ 2006年,杨海波(左一)被聘为国家职业技能鉴定高级考评员

第六章 "粉丝"遍布油田

桃李遍地

成为培训师,代表着不仅要对自己负责、对厂里负责,更要对学员们一双双期望的眼睛负责。被选为培训师的杨海波,不想让任何一个学员的期盼落空。她不断强化自身素质,用耐心细致的讲解、灵活多样的培训方式和平易近人的强大亲和力,大大地激发了员工们的热情,学员们都爱听她的课。课上课下,培训室里总是充满着激情和活力,杨海波经常被学员们"围追堵截"、问这问那,收获了一批铁杆儿"粉丝"。

北六队的李雪莲,可以说是杨海波的"嫡传大弟子",也是杨海波"粉丝团"的元老级人物。她深受杨海波的鼓舞,经常找杨海波为自己答疑解惑。让李雪莲印象最深刻的,无疑是2010年油田公司员工技能运动会之前,师徒二人在皎洁的月光下苦练调平衡技能的那些夏夜。

当时担任全厂所有参赛工种总教练的杨海波,发现李雪莲和其他几个参赛选手调平衡的动作很麻利,但却不够规范,为了在技能训练时间有限的情况下较早地把这个问题纠正过来,杨海波决定在休息时间给只图速度的学员们"开小灶"。

"咱们在这纠正操作,不只是为了比赛不丢分儿,也是为了养成一个好的习惯,以后在岗上干活的时候永远都能保证人身安全。"

李雪莲还记得师傅当时的话深深震撼着他们几个学员。一连几天晚上,李雪莲和几名学员都被师傅带着到培训场地练习调平衡。为了保证操作准确,师傅一遍又一遍地演示着,不厌其烦地看着他们几个重复地量电流、停机、松螺丝……

夜色渐浓,微风习习,月华如练,连月光也在肯定他们的努力,每个人眼中都有一颗不灭的星火。唯一破坏这优美意境的,就是夏夜里蚊虫的骚扰和嗡鸣。但李雪莲等人知道,这蚊虫是赶也赶不走的,所以索性任他们四处叮咬,也不挥手驱赶,权当是对自己的一种考验。师傅不是也在旁边忍受着叮咬,在纠正他们的动作吗?

"一旦再落下某个细小环节,操作又不标准,影响比赛成绩不说,更对不起海波。在这大半夜的,忙了一整天的她不休息,还陪我们纠正'毛病'。"李雪莲下定决心,手上的动作更麻利了。

学员们的操作越来越娴熟,心里也对杨海波有着无限的感激和崇敬。有这样一位有能力、有担当,又愿意照顾每一个学员学习进度的老师,是多么幸运!学员们都牢记着杨海波的付出,在比赛中全力以赴,那一次运动会,有十四名杨海波的学员被评为公司技术能手。

杨海波的另一名"爱徒"王冬艳,也是和师傅在2010年相识的。

平时性格内敛的王冬艳,在师傅的鼓励下参加了厂里的技能大赛。可把参赛的报名表交上去了，又觉得害怕。

在正式比赛前要先参加选拔赛，杨海波主动帮心里没底的王冬艳分析她技术上的优缺点，让她有针对性地练习。选拔赛的结果一出来，王冬艳竟然是第十名！这让她感觉有点意外也非常高兴。

虽然第十名是个不错的成绩，但参加厂技能大赛集训的名额也就只有十个。这就是说，在下个阶段的比赛里，自己成绩是倒数，高兴劲儿还没过去，王冬艳又变得焦虑起来。

好在有杨海波。为了帮王冬艳快速把成绩提高上来，杨海波天天和她吃在一起、住在一起，手把手地教，反反复复地练习。杨海波还根据王冬艳的自身条件，每天随着进度不停地调整培训方案，收集各种相关资料，帮王冬艳扩大知识面。

备赛的日子一天天飞快地过去，王冬艳的状态调整得越来越好了。虽然是第一次参赛，但大赛中的王冬艳丝毫没有紧张，自信而从容地发挥出自己最好的水平，一举获得了厂技能竞赛的第六名。

"如果没有海波这个原动力，我不会取得今天的成绩；如果没有海波的帮助，我更不会考上高级技师。今生能成为海波的徒弟，是我的运气，更是我的福气。"

现在，杨海波的培训课堂上总有慕名而来的"新粉"。有一次培训课上，竟然来了一位大家都没见过的学员，一问才知道，这位个子不高、体态敦实、皮肤黝黑的学员，是北八队的革新能手于孝晶。他早就听说了杨海波的大名，以前听过两次杨海波的课，特别崇拜她。今天自己休假，正好听说杨海波有课，就驱车前来，当了一回"插班生"。

这让杨海波高兴坏了，学员们能爱上学习、自主学习，是她最期望看到的事。她二话不说，立刻给于孝晶"转正"。于孝晶也不负杨海波的期望，在学习中受益匪浅，又加上自己刻苦学习，被评为厂技术革新标兵。

还有北十二队的张力，是在厂第一届技术大赛赛前培训中认识杨海波的。在培训中，他看到的不仅是一个技术风采无比引人注目的技术工人，更看到了一个尽职尽责、与学员同甘共苦的好师傅，从此以后，在杨海波的培训课上，总是少不了张力的身影。

像这种被杨海波的魅力折服的员工还有很多。如今的杨海波，已经是"粉丝"遍布油田的名师。大家都是冲着杨海波优秀的操作技术和认真的教学态度来的。他们都希望自己能像杨海波一样，不断磨炼技艺，为油田做出更大的贡献。

附：来自杨海波徒弟的一封信

海波姐：

最近好吗？

时间过得好快，转眼间距离技术大赛闭幕已经有一个月了，大家都陆续回到原来的生产岗位。但每当工作忙碌之余，我总会想起那段难忘的培训时光。

记得那时我接到通知，要代表咱矿参加厂第五届员工技能竞赛，我的内心还是带有抵触情绪的。在我的印象中，培训是个苦差事，因为它意味着要在不耽误正常工作的前提下，应付无数次的考试。

现在还记得第一次在培训室遇见你时，听了你的自我介绍后，我的内心就嘀咕起来：你是一个采油工，能懂我们联合站的整套集输工艺流程吗？

随着时间的流逝，我对你的印象由起初的怀疑渐渐地变成了由衷的敬佩。你不仅精通理论知识，实践起来更是一把好手。组装工艺管路是大家公认最难的一个科目，但是经过你形象生动的讲解，再配上你自己发明研制的组装工艺管路教学用具，我很快就掌握了其中的诀窍。想起当初对你的质疑，直到现在，我还觉得愧疚，你能原谅我吗？

回到工作岗位后，随着自己技能水平的提升，我对岗位上的操作也变得更加自信。利用自己在培训期间学到的知识，还帮助队里解决了泵管压差控制难度大的生产难题。姐，你是不是很替我感到高兴！

这次大赛，我取得了好成绩，但我知道这是你教导的结果，谢谢海波姐。你的胃不好，记得按时吃饭！还有就是最近天冷了，记得多添加衣物，晚上加班千万别着凉了！

有时间去看你！

徒弟：大一

2013年9月20日

⊙ 杨海波（左一）在给一名学员讲解机械制图

第六章 "粉丝"遍布油田

⊙ 杨海波工作室的抽油机实训场

相辅同行，千帆竞发

技术要学，更要创新。把前人的东西学得再好，也只不过是原地踏步，杨海波深刻地明白带着整个团队向上走的重要性。

随着"互联网＋"时代的到来，杨海波觉得，以前的学习模式和形式可能已经不再适合今后的发展了，要想让员工更好地适应新的工作内容，自己的培训班也要跟上时代的脚步。以前的学习大多是靠平面图纸来理解设备的结构和设计，这样学员在理解、学习上总是有弄不懂的地方，如果把学习的过程做成可视化模型、3D动画，那视觉效果肯定会有一个大的飞跃，让感官效果更加逼真和强烈，给学员身临其境的感受，也能让学习变得更加生动和有效。

秉持这个理念，杨海波劳模创新工作室在2013年开发了"采油队员工自助学习系统"。开发这个系统用了半年的时间，软件虽小，却凝结着大家的心血。

设计之初，杨海波提出方向："要让外行能看懂咱家里有多热闹，让内行能看出咱家有多深的门道！"

为了实现这个目标，大家开始了绞尽脑汁的设计和开发工作。要通过这个小软件，让不了解采油的新员工能够快速对工作流程有一个大致的全方位了解，岗位操作人员也可以精益求精，用软件省时省力地总结出生产难题的解决之法，这些工作说起来容易，做起来可费了不少劲。要把学员们能想到、能用到的知识，都进行一个集合，这样只要打开软件，随时随地都可以进行学习。

行业条规、精神家园、员工培训、办公软件、科技创新、安全教育、普法教育、趣味游戏等八大板块；258个视频；13本电子书；180个安全标识；10622道试题；36个应急预案；14幅风险图片……杨海波和工作室的成员们四处搜集材料、整理规划，一切技术研发和不断的基层统计，都是为了让生产流程更加完善、便捷。

在使用软件时，无论是转油站复杂的工艺流程，还是各泵房与各油罐之间的设计原理，员工们都能够轻松浏览。通过视频、3D动画、游戏等形式，员工们能更方便直观地了解文化传统、管理理念、规章制度、操作标准、风险源头、岗位练兵和应急预案等内容，为生产管理提供了良好的服务和有效的支持。"自助学习系统"把"连连看""对对碰""爱找茬""大接龙"等常见的小游戏都和生产知识结合起来，让员工在娱乐的过程中不知不觉地吸收知识，寓教于乐，大大提升了员工们学习的自主性和趣味性。

"采油队员工自助学习系统"获得了大庆油田重大技术革新成果一等奖，大家都感到自己的努力被认可，干劲儿也更足了。"海波，这'采油队员工自助学习系统'也太帅了，咱员工都说啦，看着就长知识、受教育！"北六队党支部书记王亚楠说。

2014年，杨海波"趁热打铁"，又带领团队研发出了手机培训软件"海波题库通"，开辟了"杏北微课堂""海波云课堂"等网上授课方式，使员工在手机上就能够自助学习到想要学习的知识，利用短视频的方式进行培训，打破了纸质学习方式效率低、无法自测的缺点，实现了员工的自主学习、自主考试和自我评价。看着自己研发出的软件让员工们有了更多的学习机会，杨海波觉得自己在职业岗位上真正发挥了应有的价值。

自己能帮到的人毕竟有限，用手机软件这种形式，即使没有自己手把手的教学，员工们也能有平等的机会学习知识、提升自己，这是开发这款软件最大的意义。杨海波还将自己的技术革新经验编写成高效革新专著，让员工们能够掌握更加科学的工作方法，在基于岗位知识的基础上实现技术革新。"帮到别人我也幸福"，正是这种信念支撑着杨海波一路取得令人瞩目的成绩。

2018年，采油工和站库系统的"师徒擂台赛"新增了CAD制图的考试科目，这可难倒了学员张力和高振国。大家都是第一次接触这一科目，平时很少操作电脑软件的学员们这次打起了退堂鼓。

"海波，你要说让我们调平衡、换皮带，我们不带含糊的。可这'洋玩意'，我们也不会呀！"

"人脑怎么能让电脑难住，咱们一起学！"杨海波说道。

"海波，我们这么大岁数了，实在是学不会！"

旁边的张力不以为意："不就是十分吗，我不要了还不行吗?！"

一向要强的杨海波听到这话，气得忍不住跟他们发起脾气来："什么叫'不就是十分'，哪一分不是我们大家一点点'抠

第六章 "粉丝"遍布油田

⊙ 2012年,杨海波与员工们分享研发的手机培训软件"海波题库通"

细节'才'抠'来的,我们是以团体名义参赛的,要是放弃了这部分,别人得用多少倍的努力才能填补你的放弃?你……"海波越说越心急,讲到最后,眼泪忍不住掉了下来。

"海波你别急啊,那我……试试看吧,但是能不能学会我就不敢保证了。"张力也觉得自己刚才说得太过了,这是集体的荣誉,哪能为了自己一个人的落后就拖累大家呢?

杨海波听到这话,才破涕为笑:"张力,这可是你说的。"这一刻,杨海波在心里默默地告诉自己:"CAD的课堂上,一个都不能少。"

为了让两位学员尽快跟上进度,杨海波在培训后把他俩"扣下来",不把今天学的东西弄明白就不准走。看着杨海波通红的双眼、深陷的眼窝,还有不知熬了多少通宵才总结出来的密密麻麻的笔记,张力和高振国知道杨海波为了让他俩取得好成绩多操了多少心。

怀着浓浓的感动和深深的歉疚,他们都把这股劲憋在心里,化成学习的动力。此后不管是午饭前还是下班后,总能在电脑前看到三个勤奋的身影,他们对着屏幕比比画画,有时因为一个问题争执半天,有时又为了一点领悟兴奋得手舞足蹈。

在杨海波和学员们的共同努力下,第一油矿取得了采油工和站库系统"师徒擂台赛"两项团体第一名的好成绩。而张力和高振国在"CAD制图"这个科目上更是没落一分。杨海波满意地笑了,在大家的共同努力下,真的"一个也没少"!

技师赛课,又是一个碰上了大家短板的大问题。

第六章 "粉丝"遍布油田

"为了迎接厂培训师赛课,咱矿里的培训师们先切磋一下咋样?"杨海波看起来在跟大家商量,却用了不容反驳的语气。按照培训计划,今天五名培训师得挨个上台试讲。

"哎呀,我得第一个上,好紧张啊,咋办啊?"成为技师的李雪莲听着杨海波念出的上台顺序,坐在下面小声问队友刘成刚。她跟着杨海波这么多年,技能水平和专业知识是没的说,但就是让她说、讲,她可真犯愁。用她自己的话说,就是茶壶煮饺子——倒不出来。

"哎呀,这还不简单!没事,我先来,给你打打样儿!"刘成刚边说着边站到讲台上自信地讲起来:"嗯……我要讲啥来着……"刘成刚才讲三分钟不到,就忘了内容,一旁的杨海波忍不住笑出了声。

"海波,你笑啥呀?"刘成刚挠挠头,被杨海波笑蒙了。

"你呀,理论知识积累得不错,但是逻辑上有点问题。你看啊,我了解生产、熟悉业务,听你的讲解都觉得有点乱,更何况听众还有业务不熟的呢?下去之后我帮你理理思路,你再刻苦练习练习,保准儿不一样。"杨海波一边说,一边在本子上做了记录。

下一个硬着头皮上台的是李雪莲,她双手紧张地贴着裤子,像站军姿似的,不知道从哪句话开始说。杨海波就走到她身边,一边让她放松一边手把手地教给她肢体动作,甚至连一个眼神都不放过。

其他三个培训师也在杨海波面前一个一个地接受了"审阅",挨个过初稿,接受指导,带着比刚上课时更自信的姿态下课回家。

"雪莲，知道我为啥让你第一个上去讲吗？就是想让你练练胆儿，在咱自己人面前讲，还怕啥丢人啊？你的业务我不担心，讲多了、讲熟了就好啦！""嗯，我尽力啊，海波！"给李雪莲发完短信，杨海波才开始做起自己的功课来：把大家的PPT课件一一从头看到尾，结合今天试讲的实际情况，对发言稿逐字逐句进行修改，再制订明天的课时计划……

技师讲课比赛开赛的前一天，杨海波叫来李雪莲："雪莲，送你件战服，祝你旗开得胜！"杨海波把自己喜欢的一件白衬衫送给了她，希望自己的祝福可以和这件衣服一起在台上陪伴着她。

"海波，我们五个都取上名次了，前三名和第六、第八！"结果一出来，李雪莲迫不及待地给杨海波传来喜报。"太好了！我就说你们都是好样的！"杨海波也兴奋地跳了起来，比她自己得奖还高兴。

"其实回想起来，海波教会我们的知识、理论和技能、方法并不是最重要的，责任心和坚持、团结才是最重要的。"作为杨海波的姐妹和徒弟，李雪莲打心底里觉得师傅是一个给人以温暖和力量的人。

携手并进，相辅同行，杨海波的团队里不允许有任何一个人掉队。大家相互勉励、齐头并进，每一个人都是团队里的一艘船，只有每一艘船都不偏离航线，整个舰队才能劈风斩浪、激流勇进。

第六章 "粉丝"遍布油田

⊙ 杨海波工作室的教室

美名远扬

"海波,下周吉林油田代表团要来咱厂参观,杨海波工作室是其中的一个观摩点,你身为首席培训师,这次的讲解任务就交给你了,有没有信心呀?"在第一油矿工会主席王波的办公室里,杨海波正在接受一项重要的任务。

"王主席,您就放心吧!我一定会让大家看到工作室的风采。"杨海波自信满满。

工作室是自己一手建起来的,从研讨室、拆解室、电教室、各个工种培训场到室外练兵场,从"差异化""形象化"教学法、"5+4"培训法到培训室的各种培训理念,没有人比自己更了解和熟悉了。这次的讲解任务,简直就是小菜一碟,杨海波自信地走出矿领导的办公室,感到一阵轻松,甚至哼起了小曲儿。

本着一向严谨认真的做事态度,杨海波在下班后决定到工作室先试讲一次。本来信心满满的她,竟然没讲到一半就累得气喘吁吁。杨海波万万没想到,这次讲解会出问题。

原来杨海波工作室一共有四层楼,杨海波设计的讲解过程要一边爬楼梯一边讲解路过的教学场地和使用的教学方法,这就得时刻注意讲解的语速和呼吸的配合,对杨海波的体力来说是一次不小的挑战。

"这样的讲解效果,肯定得砸锅。不行,我必须得反复练习。"杨海波决定不练到最好誓不罢休,如果连自己辛辛苦苦创立的工作室都讲解不好,那这些年真是白干了。

随后的几天,每当夜深人静,杨海波工作室的灯就会从一楼到四楼反复被点亮,讲解声和脚步声响到哪里,走廊的声控灯就亮到哪里,所有的声响交织在一起,就像一首音律和谐的交响乐,那是杨海波在一遍遍苦练讲解。在这几天中,杨海波已经记不清爬了多少级台阶、说了多少遍讲解词,只累得腿酸脚肿,嗓子也哑了。

使命必达在杨海波这里已经不算什么奇迹,只要是她想干的事,没有干不成的。经过几天的苦练,她的讲解水平有了质的飞跃,既流畅动听又引人入胜,最终出色地完成了任务,受到来访人员的高度赞扬。

像这样的"兄弟"油田来访,在大庆油田不是第一次。来访代表的是一种情谊,也是一种荣誉。不管是谁来大庆油田访问或者学习,杨海波都一直秉承着这种认真对待的态度,她不能说是渴望这种荣誉,但她在乎这份荣誉。

杨海波还在当徒弟的时候,《人民日报》的记者来第四采油厂采访全国劳动模范何登龙,杨海波忙前忙后,连饭也顾不上吃,直到下午四点多才送走记者,赶紧从兜里掏出一袋小饼干吃起来。同事好奇地问她兜里怎么还放这东西,她才不好意思地说自己还没吃午饭。

"人是铁,饭是钢,一顿不吃饿得慌。"但忘记吃午饭,对杨海波来说才是"家常便饭"。她每天东奔西走地忙着,只能在衣兜、包里、办公室时常备着饼干,这样饥一顿饱一顿,让她落下了胃炎的毛病,家人、同事们都心疼她,几次三番地劝她也不听。当时答应得好好的,一转头忙起工作来就什么都忘了。正是这种执着的敬业精神,让她逐渐成长为公司的技能专家,成为新时期石油工人的"领跑者"。

曾有记者这样问杨海波:"你觉得现在是石油企业的严冬吗?"

杨海波完全不认同这句话,她说:"如果说他人以为这是受国际影响的石油严冬,我只想说他们没有完整的发言权。说真的,企业内部的我们没有感到过冷,因为我们不是一个人,我们一直在努力,我每天从自己和周围的同事们身上看到的,都是迎战的热情。"

热情、团结、敬业、执着、勤勉,每一个词语,在杨海波看来都是她的同事们身上闪闪发光的优点,这些优点同样也是杨海波的同事们在她身上看到的。正是这些闪闪发光的优点,让杨海波工作室能够获得如此多的赞誉,让杨海波的精神一次又一次传递给身边的人。不只是杨海波工作室的工人们,在杨海波的陈述中,人们能看到整个大庆、整个中国石油工人们的精神和力量。中国有多少石油工人,就有多少盏灯,他们用微光点点,最终汇聚成一片璀璨的灯海。为了祖国,为了祖国石油工业的未来,这片灯海的外部有多么汹涌,内部就有多么安静,那是中国工人们特有的脚踏实地的真心。

第六章 "粉丝"遍布油田 | 101

⊙ 2018年,杨海波参加"中国梦·大国工匠公益大讲堂"全国巡讲

⊙ 2019年，杨海波在天安门广场参加庆祝中华人民共和国成立70周年活动

第七章　成立工作室

建设培训室

2012年，以杨海波的名字命名的"杨海波劳模创新工作室"成立了。有了工作室的支撑，以后的技术创新工作将会更加便捷和高效，更重要的是工作室要建设针对各种技能培训的培训室，还会建设室外培训场地，这对以后的培训工作有巨大的帮助。

带领着三十多名培训师，杨海波挑起了给全矿一千六百多名学员进行技术培训和带领员工在岗位上创新创效的大梁。作为"杨海波劳模创新工作室"的组建带头人，杨海波感到了肩上沉甸甸的分量。"不仅要搞好革新，也要把培训室建好。"带着这样的决心，杨海波在单位开始了热火朝天的忙碌工作。她一边忙着开题审核，一边对悬绳器进行改进加工；一边抓紧对培训室进行监督建设，一边编辑培训教材。现在杨海波有两个重要任务，一个是研究革新，另一个是筹建培训室，而第二个任务正是当务之急。

培训室开始筹建，虽然有各部门同事的大力支持，但不容许出一点差错的杨海波还是处处亲力亲为。房屋布局设计、施工进度监督、培训教材优选编写……一切都进展得迅速又有效。杨海波十分高兴，除了感到被信任的温暖和责任的力量，更重要的是员工们马上就要有自己专门的培训场所了,再也不用出去训练了,所以杨海波打起十二分精神对待工作室的筹建任务。

维修队的工作人员刚来焊接过水井更换水表工位后,杨海波过来查看时气得够呛。原来这个更换水表工位被焊接得七扭八歪,杨海波立刻去找负责此项工作的维修队副队长栾长军要求返工。

栾长军听到这个要求后立刻回绝了:"啥,重焊?你说得也太轻巧了,井上有一大堆活儿等着我们干呢,哪有时间总忙活你们那摊事儿。"

"栾队长,咱矿组建一个培训室多不容易啊!求你了,你就帮帮我们吧……"杨海波赔着笑脸,好话说了一箩筐。

"你这人干活也太较真儿了!"经过一番软磨硬泡,栾长军总算答应了。

杨海波刚解决了一个问题,还没有来得及歇一歇、喘口气,另一边又出问题了。维修队的一个工人在焊制更换阀门工位时,没看懂图纸,稀里糊涂地就把工作糊弄上了。他把一个完整的工位从中间截开,变成了两个部分,杨海波看后哭笑不得。

在耐心地给这位工友讲解了图纸上的工位构造之后,杨海波终于看到了令她满意的重新焊制的更换阀门工位。杨海波总算露出了笑容,可让这位小工友悬着的心放松了下来,刚才杨海波的表情那么严肃,让小工友像个做错了事的小学生似的听她指挥,大家都不约而同地说:"海波干起活儿来,真是爱较真儿。"

工作室的建设可以说时间紧、任务重。杨海波和一起建设培训室的几名培训师姐妹都一起紧张地忙碌着。大家用积极的热情互相鼓舞着，谁也不觉得累，不觉得苦。为了赶进度，大家常常加班加点地在培训室干活，累了就随便坐在梯子上、水泥地上，饿了就在培训室随便吃一口，每每忙到傍晚才收工，从材料准备、流程设计、工位摆放到实际操作场地的搭建、工具架除锈粉刷等多项工作，处处都能看见她们忙碌的身影，大家俨然把这当成了自己的第二个"家"。

这天，工具架焊接完成了，这代表培训室的大体框架已经搭建完毕，剩下的就是除锈、粉刷等外观装饰的工作了，眼看着培训室就要完工了。大家迫不及待地拿来砂纸、油漆、毛刷等工具，戴上口罩、手套，就开始着手粉刷。忙活了一整天，终于将工具架粉刷完毕，杨海波看到窗外已经天黑，不好意思地对大家说："雪莲、冬艳、小静，你们仨忙活了一天，赶快回家休息吧，今晚我一个人在这盯着就行。"

李雪莲第一个不愿意："海波，你不把我们当自己人啦！跟我们这么客气。"

"可不是，把培训室建好是咱们的共同心愿，为自己的'家'辛苦点，我们高兴呀！"说着，李静给王冬艳使了使眼色。

"海波，今晚我们仨都打算在这陪你啦，你看，我们都把被褥搬来了，咱把桌子一拼，再铺上褥子，来个'温馨姐妹铺'怎么样！"王冬艳一边说着一边掏出了早就藏在柜子里的两床被褥。看着姐妹们的举动，杨海波感动得不知道说什么才好，她心里也更加认定了这个大家庭。

这样日夜不休地忙活了两个月，让大家都眼前一亮的杨海波

⊙ 杨海波工作室大楼

第七章　成立工作室

⊙ 杨海波工作室的"练兵室"

工作室终于建设完成了。大家开心地拉着手，围着工作室转了又转，不住地点头。看着自己辛辛苦苦换来的劳动成果，姐妹们不禁感叹。这两个月的时间看起来不长，但是在临时搭就的"桌床"上睡了二十多天，大家都硌得腰疼腿酸，而这份付出饱含的是对这个"家"的爱，大家都无怨无悔。

技术革新

世界上主要的三次采油方法有四种：化学驱、气驱、热力驱和微生物采油。三元复合驱是从化学驱中脱颖而出的一种新的三次采油技术，这项技术当时在大庆油田可是个"新星"，工艺新、经验少。2008年初，杨海波就被调到了这个刚成立的聚五队。

午餐时大家在一起聊天，维修班长随意提起的一句"聚驱太费皮带了，三天两头就得换一次"，被杨海波记在了心里。她了解到，聚驱抽油机井负荷大，所以皮带耗损严重，仅2008年一年，全队的皮带损耗费用就高达43.67万元。

"不行，皮带用得这么费，等于烧钱啊！太心疼了！"

"费钱的皮带"现在成了大家的重点整改对象。杨海波和队里的五名技师都跟这皮带较上了劲儿，非得把这个问题解决了不可。大家一边去现场询问调查，分析皮带损耗大的原因，一边查阅各种书籍，进行理论计算，终于查出了皮带轮配型不合理、部分皮带轮包角小等问题，及时进行了修正。在不断有新井投产的情况下，使全队全年皮带消耗由1053组下降到596组，仅这一项就能节约材料费用24万多元，远远超过了杨海波预期的"省钱"目标。这项创新成果还在全厂三元驱采油队推广，整个厂每年节约费用达100多万元。

随着本队油井的陆续见聚及三元复合驱的开采，大大提升的油产量让一些不法分子红了眼，盗油情况在油井时不时发生。杨海波异常气愤："这是公家的财产！"

为了阻止这种情况继续发生，杨海波又投入到新的技术研发当中，最后研制出了"油井井口旋转无牙式防盗油丝堵"，并在全矿五个盗油重点区块进行应用，年减少原油损失竟然高达560吨！

2012年，又一个震撼全油田的新发明诞生了。

双"驴头"抽油机，顾名思义，前后各有一个"驴头"用游梁连接着，而后"驴头"上有个"毛辫子"用来改变臂长，实现举升。最近，杨海波总是听到有同事抱怨，后"驴头"的"毛辫子"容易磨损断裂。

"这毛辫子太不耐用了，前段时间刚换完，今天又断了。"

"可不是吗！照这样下去多不安全呀，而且经常换太麻烦了。"

同事们无意间的抱怨被杨海波听进了心里，用什么办法可以减少磨损，延长"毛辫子"的使用寿命呢？这个问题一进入杨海波的脑海，就像块甩不掉的橡皮糖似的粘在了她心里，成了她的一块心病。

郑福森是双"驴头"抽油机方面的专家。这天，一个看起来年纪不大的女人找到他，这个人就是杨海波。原来杨海波这时对双"驴头"抽油机后悬绳器还了解不多，根本没有地方下手解决这个问题，满头雾水的她只好求助专家。为了更直观准确地了解悬绳器的工作原理，杨海波经常跟着郑福森下现场，从培训中心的一口井走到另一口井，拉着郑福森爬上爬下地了解悬绳器的结构、工作原理，研究"毛辫子"磨损的原因，直到把悬绳器的结构全都了解清楚。

"我这把老骨头，算是为了'驴头'豁出去喽！"郑福森看着干劲满满的杨海波，开玩笑地说道。

杨海波有点不好意思了，但她知道大家都愿意为了油田做出自己的一份贡献，因此便"大言不惭"地领下了这个"罪过"。付出没有白费，最终杨海波找到了"毛辫子"容易磨损的原因：悬绳器上的四根"毛辫子"受力不均匀，这才导致了"毛辫子"容易磨损断裂。经过与郑福森的研究和讨论，二人设计出了初步的改良计划，要把目前使用的整体结构悬绳器改成分体结构，这样可以保证四根"毛辫子"能够均衡受力，以后就不会再那么容易被磨损破坏了。

有了这个仔细推敲过的好计划，杨海波立即把身边的几名技术骨干组织起来，带领大家深入到现场，对"毛辫子"的结构、长度误差以及悬绳器结构、安装方法都进行了详细的测量、对比和记录，设计出了多种备选方案。改良后的悬绳器很快被生产出来并投入使用，新的悬绳器能够成功地满足现场安装要求，这份革新又会给厂里减少一笔不小的损耗。令大家更兴奋的是，"抽油机后'驴头'悬绳器的改进"这一革新成果在2013年获得了厂技术革新二等奖,大家的干劲儿更足了。

不好就改,不懂就问,杨海波在工作的事情上,从没怕过什么。带领员工们进行技术革新,需要的不仅是细致的观察力、完备的知识体系、越是困难越是往前冲的一股决心,更重要的是还要有百折不挠的精神。论韧劲儿,没人拼得过杨海波,只要是她认定的事儿,无论如何最后也要做成。像对聚驱皮带的改换、对"双驴头毛辫子"的改装和防盗油丝堵的发明,都是杨海波在大家习以为常的工作中发现的不平常的问题。为了解决这些问题她真是"披荆斩棘",找不到突破口就一直找,直到找到为止,想不出办法就一直想,直到想出为止。这种韧劲儿用在任何工作领域中都是强大的优势,在科研创新领域尤其重要。杨海波的不服输给中国石油行业创造了巨大的经济效益,直到今天,她还在继续发挥着自己的价值和意义。

对家人的亏欠

成立杨海波工作室,是整个厂都值得骄傲的一件事,其中最骄傲的当然就是杨海波自己。杨海波的家人向来全力支持她的工作,当年正在休产假的杨海波赶上队里要争取公司金牌采油队,她立即决定停止休产假,回去上班,丈夫和婆婆都全力支持她,

⊙ 2018年，杨海波在山东交通技师学院分享创新感悟

抢着带孩子。

然而，平衡工作和家庭生活是很难的，很少有人能真正做到两全其美。在建设培训室的时候，杨海波经常和一同建设培训室的姐妹们住在工作的地方，有近一个月的时间没能回家。儿子在家哭闹着要找妈妈，杨海波为了能尽快建好培训室，也只能含着泪给儿子打电话安慰他。

2010年的一个傍晚，才刚刚下班，外面的天已经快黑透了，因为这时已经是冬天，天黑得很早。细小的雪花伴着暗紫色的天空，把寒气悄悄地挤进室内。厂培训中心的大讲堂里，坐着一个十多岁的小男孩，他静静地坐在最后一排，看着培训室里的人一个又一个离开了屋子。

大家都好奇地打量着这个小男孩，想：这是谁家的孩子，怎么会出现在这里？

这个小男孩就是小雨阳，他是来这里找妈妈的。原来这几天小雨阳的爸爸出差了，刚上四年级的他没有人照料，又不能自己在家里待着，只好来到妈妈的单位等妈妈下班。而杨海波这时正在为油田公司的技能竞赛忙活着，她这次担任的是厂里的竞赛总教练，负责所有参赛人员的培训工作，每天都忙得不可开交。

小雨阳来到培训室的时候，杨海波正在给学员上下午的最后一节培训课。她为了让大家能够在这次大赛上取得优异的成绩，下了不少功夫，白天要在培训室传授给学员们理论知识和操作技能，下课后又要连夜准备好第二天培训要讲的内容，做好授课计划和教学笔记，这样夜以继日操劳着，每天睡眠不足六个小时。

杨海波是不到晚上六点钟把儿子带到培训中心教室的,她让儿子坐在最后一排,自己写作业,然后就回身开始准备当晚的培训课程。

"妈妈,我其他作业都写完了,就剩下让家长听写单词了。"小雨阳学习了一会儿之后过来找妈妈,她看到妈妈正在本子上写着一堆他看不懂的东西。

"儿子,妈妈要先给叔叔阿姨们讲课,等给他们讲完了,再来给你听写,好不好?"杨海波起先还记着给儿子听写的事,但是手里忙着整理今天的卷子,把它们按组分好一会儿给学员讲课的时候使用,然后心里就只惦记着各个学员的进度和学习情况了,全身心投入工作当中的她,早就把听写单词的事给忘了。她还叫儿子一会儿在讲课的过程当中不要叫她,自己乖乖地看书。于是一直没有受到打扰的杨海波,把可爱的宝贝忘到了脑后。

杨海波一字一句地讲着,时间一分一秒过去。她又激情昂扬地完成了一个完美的教学课时,学员们在这收获知识,充实大脑,满载而归离开教室。杨海波这才注意到空旷的教室后面有一个小小的身影,小雨阳已经趴在桌子上睡着了,他脑袋枕在胳膊上,拳头挤在肉乎乎的小脸上,呼吸均匀。

在这个只有母子俩的大培训室内,杨海波将手轻轻地放到了儿子的头上,她看着熟睡的儿子,心中泛起一阵阵的酸楚:"委屈你了,我的好儿子……"

去北京看天安门是每一个中国人心中的梦想,小雨阳也不例外。杨海波早就答应儿子小学毕业后带他去北京看天安门,然而那一年正值杨海波工作室创建最关键的时刻。

"妈妈,暑假都放这么久了,咱们什么时候去看天安门啊?"小雨阳摇晃着杨海波的手,有点埋怨,但又充满期待地问道,他多希望妈妈回答他现在就出去玩啊!

工作室这边实在离不开杨海波,她只好糊弄儿子说买不到车票,想着等孩子再大一点,再带他去天安门,可能也会有更好的感受和领悟。为了补偿儿子,她又答应儿子带他去游泳。可真的要去时,杨海波才发现工作太紧张,带孩子出去玩简直是不可能的事,连游泳这样只需要一下午时间的小活动都不行。

"妈妈最近工作忙,让爸爸带你去吧,好不好,雨阳?"杨海波看着儿子的眼睛耐心地安慰着儿子。

"不行,你总说忙,人家都是爸爸妈妈一起陪小孩去玩,我也要你们一起陪我玩,而且你不是早就答应我的吗?"小雨阳听说这次的计划又泡汤了,气鼓鼓地嘟着小嘴,委屈得简直要哭出来。

看着小雨阳这个样子,杨海波有点招架不住,只好找了个借口先把这一次搪塞过去:"游泳馆现在装修呢,等它开业了妈妈一定带你去。"

"妈妈,我同学说他们昨天刚去过,你骗人,你是坏妈妈……"小雨阳气得直跺脚,眼泪大颗大颗地滚落下来,推开妈妈转身跑开了。

看着又一个因为生自己的气而转身离开的背影,杨海波不禁怀疑自己是不是太过冷落家人。孩子们最大的心愿就是能有父母陪伴着自己,可是为了工作,自己竟然一次又一次伤儿子的心,自己也不想当这个骗人的妈妈，会不会等到自己不再需要欺骗儿子的时候，儿子也不再需要自己的陪伴了？

没过多久，儿子因为感冒诱发了哮喘，而工作室的建设还在继续紧张地推进着，杨海波没有办法到医院去陪护儿子。

"妈妈，我难受，咳咳……"

"宝贝，再坚持两天，妈妈领你去哈尔滨好好检查一下。"每天跟儿子通电话的时候，就是杨海波最揪心的时候。

小雨阳四岁那年患上了儿童哮喘，一旦感冒就很容易复发。每次犯病，医院都是给开一些应急的药，减缓哮喘的症状，但是这个病始终没有得到根治。杨海波一直期望着能够抽出一段时间来带着孩子去哈尔滨好好做个检查，这件事是杨海波近期除了建设工作室以外最放心不下的一件事了。

工作室从年初开始，拓展了新的培训领域，建设网络平台，编写培训教材，监督实训场的建设，这些都得杨海波亲自参与和落实，因此抽不出大段的时间来。她想要带儿子出去看病的计划，也只能一次又一次地搁置。

"还是等工作室建完再去吧，看病得需要一段时间，这边的工作总不能做到一半停下来。"杨海波看着儿子痛苦得揪成一团的小脸，犹豫了很久很久，最终还是艰难地做出了决定。

2012年7月28日，杨海波工作室经过所有人的不懈努力，终于正式成立了。杨海波这边顾着高兴，也没忘记儿子的要紧事。上午在单位做完所有的收尾工作，立即回家买票，下午就带着儿子坐上了开往哈尔滨的大客车。因为当天的火车票已经卖完了，现在买票，就只有坐大客车了，虽然慢一点，但杨海波急了几个月的事情，终于有时间去做了，她只想让心里这块大石头尽快落地。

在车上，母子俩说说笑笑，杨海波还给小雨阳买了一整联他最爱的AD钙奶。小雨阳简直以为这是一次郊游。卸下了所有负担的杨海波，终于能好好地陪一次儿子，小雨阳一边叽叽喳喳地说话，一边手舞足蹈，在客车颠簸了两个小时之后就累得睡着了。抱着熟睡的儿子，杨海波内心满是愧疚："儿子，别怪妈妈狠心，你需要妈妈，可单位的工作更需要妈妈……"

这次看病，终于让杨海波和儿子重新拉近了心与心之间的距离。儿子了解了母亲在单位忙碌的重要性，也理解了母亲既没法放下事业也没法放下家庭的两难。父亲以前就经常开导他：要理解母亲，支持母亲，如今他觉得自己终于可以做到了。杨海波感动地抱着儿子，想着这个为自己付出了太多的温馨家庭，不禁感觉自己是这个世界上最幸福的人。

"我感谢许多人，太多师长、朋友，当然也有领导，还有我的家人，那些恩情、支持和信任，才是我的动力！"

⊙ 2012年，杨海波在辅导儿子写作业

 第八章　走向人民大会堂

喜获荣章

2013年2月6日，时任大庆油田党委副书记、纪委书记王昆在春节期间来到第一油矿杨海波工作室。他参观了工作室以后，对荣获油田公司"功勋员工"的杨海波专门表示了慰问，并祝贺她取得的新荣誉。

参观期间，他们来到杨海波工作室的冠军走廊，看到墙上挂满了一幅幅厂里竞赛冠军们喜笑颜开的照片，王书记对杨海波的培训能力表达了高度的赞赏。接着他们又来到技术研讨室、练兵室、电教室……王书记一边向杨海波询问着工作室建设和投入使用的情况，一边笑着对大家说："能有今天的成绩，你们真的不容易呀。"

"希望你在新的一年，继续立足岗位，精益求精，为油田培养专业人才做出更大贡献。"临走前，王书记还对杨海波提出了殷切的期盼。

"我要再接再厉，更加努力地传授技能，绝不辜负油田领导的期望。"杨海波倍受鼓舞地保证道。

一年来，油田领导的希望成了杨海波心里的一粒种子，在她的心底深深地扎根、发芽。责任、使命和领导的鼓励，都是杨海波工作的不竭动力，让她不畏惧任何困难，坚定不移地奋勇前行。

第五届员工技能竞赛的过程中，杨海波担任着组织全矿技能选手备战的重要任务。她带领培训师们全力做到最好：精心编制的培训方案、为参赛选手们做思想动员、探索更加有效的培训方法、为每位参赛选手制订个性化的培养方案。数不清的清晨和夜晚都能在培训室看到培训师们辛勤的身影，他们有时到深夜还没忙完，就直接住在培训室里，为来日的工作做着最周详的打算。最终，杨海波的培训师团队所带领的第一油矿参赛选手一举夺得了集输工、注水泵工等十二个项目的个人第一名，还有七项团体第一名，并且在这次比赛中有五位新员工获得了"最佳新人奖"荣誉。此时此刻，杨海波的内心感到无比的充实和欣慰，她终于用自己的实际行动向油田领导交上了一份满意的答卷。

2013年的人民大会堂，满载着工人们的热爱和荣耀。杨海波即将代表大庆油田九万多名女工，讲述自己作为一名石油女工的心路历程。

飞机抵达北京是3月3日的凌晨两点。杨海波拖着疲惫的身躯走进宾馆，从工作岗位上一下来就连忙奔到机场赶飞机的杨海波，一直是强撑着精神，现在的她已经是满脸倦容。

杨海波想要立刻掀开被子倒头大睡，让自己疲惫的身体得到休息。但是在打开行李箱的一瞬间，她看到的是放在最上面的一套崭新的红色工装。这抹亮眼的红色刺激着杨海波的神经，让她立刻心潮激荡，把所有的辛劳和疲倦都抛在了脑后。

这套崭新的工服，是杨海波在人民大会堂做报告时要穿的。

她立刻把这套工服拿出来,用熨斗仔细地熨烫。从衣领到袖口,从裤腿到裤脚,一寸一寸,杨海波都仔细对待,就像这些年她对待自己的工作一样。现在,这套衣服早就成了杨海波心里最美的衣服,因为它背后承载的意义和价值是无可比拟的。

"这套衣服代表着大庆油田石油工人的形象,我要把最自信的自己,伴着这抹'炫红'展现给全国各族人民!"

熨烫完毕,杨海波把工装挂在衣橱中最显眼的位置。在她心里,这抹"石油红",就是一面迎风招展的旗帜,透过这抹"红",杨海波看到的是矿井中无数个像她一样辛勤忙碌的石油工人,日复一日,年复一年,顶着严寒,冒着酷暑,忙碌奔波于井站间……

到达北京的第二天,杨海波的肠胃又出现了不适的症状。晚上,杨海波和家人视频通话,儿子看出了她的不舒服,大家都非常担心。屏幕那边迫不及待地冒出一连串的问题:"妈!身体好点了吗?带药了吗?按时吃了吗?我爸说你得多喝水……"

何雨阳那年已经十三岁,个头儿快赶上妈妈了。都说岁月是个"神偷",杨海波觉得自己入厂工作的日子好像就在昨天,不知不觉儿子竟然都这么大了。平日里自己很少像其他母亲那样整天围着孩子转,让孩子吃到自己亲手做的菜的次数都屈指可数,杨海波看着在自己没有注意到的地方悄悄长大的儿子,心里有数不清的愧疚。

"妈妈,你是在练习发言稿吗?我在你的行李箱隔层里放了含片,你记得拿出来吃!"由于网络的延迟,雨阳的话总是和妈妈这边说话的声音重叠在一起。

"阳阳,真乖,现在都知道照顾妈妈了!"杨海波欣慰地笑道。

"当然,因为我是家里的小男子汉嘛,我已经长大了,以后我会好好照顾您的!"儿子的一番话,让杨海波激动万分——儿子真的成长了!

2013年3月6日,全国人民的心都被人民大会堂里的景象牵动着。一名身穿鲜艳"石油红"的女性带着自信与微笑,走上了花团锦簇的讲台,讲述着她与石油结下的"不了情"。

"我是大庆油田的一名普通采油女工。十九年来,在铁人精神的激励下,我不断成长……"

讲台上的她,用最质朴的语言和最深切的情感获得了在场听众们的强烈共鸣。她就是来自大庆油田的采油女工杨海波。参加工作的日子里,杨海波一直凭借着精湛的技术和无私奉献的精神受到众人的尊重,她在大庆油田九万多名采油女工、百万石油大军、全国六亿多女性中脱颖而出,成为石油行业技术方面的"领头雁"。

杨海波走上讲台的时候,内心的激动是无法言说的。"为祖国献石油,我无怨无悔。如果有来生,我还要踏着铁人的脚步走——当一名光荣的采油女工。"会场上空回荡着杨海波激动而响亮的声音。人们从这铿锵有力的声音中,仿佛看到了中国石油事业更加美好的明天。

会后,代表们受到了时任中华全国总工会主席的接见。这次接见中,杨海波的位置非常醒目,就站在工会主席的后面。主席看着眼前这个穿着"石油红"工服的年轻女孩,问道:"小姑娘,你是来自哪里的?"

"领导您好,我来自中国石油,我来自大庆油田。"这掷地有声的回答,透露出了杨海波无比的自豪和骄傲,自己是作为大庆油田的工人来到这里的。杨海波觉得这一刻是神圣的,自己的职业也是神圣的,这个回答从自己的口中说出的时候,就已经包含了自己全部的希望和感动。这次走进人民大会堂,对杨海波的影响非比寻常,她从心底里觉得,自己一生的使命,就在这一刻坚定了,这种触动直击心灵深处。

从最开始参加工作时的迷茫,在工作中对岗位职责的不理解、不认可,到今天怀着最崇高的敬意说出自己的职业,杨海波知道自己选的这条路是值得的,也是正确的。杨海波流出了眼泪,她希望自己能在这个岗位上一直走下去,直到退休,直到奉献出自己的全部。

获得了全国五一劳动奖章和全国五一巾帼奖章的杨海波,看着胸前两枚金闪闪的荣誉的象征,在采访的记者面前发自内心地表达着自己对祖国、对公司、对家人的感恩之心。

"这两枚奖章其实不属于我自己,我要把它和支持我的人一起分享。一半是给培养我的企业,一半是给支持我的家人。我是一名技校毕业生,十八岁就参加了工作,到现在已经在岗位上工作十九年了。十九年来,是企业为像我这样的普通职工搭建平台,创造机会,培养我成长、进步。还记得儿子曾说过这样的话,他说:'妈妈,在我小时候的记忆中,家里好像没有你,都是爸爸在给我做饭，陪我学习，送我上学……'我的爱人虽然不善于表达，但他默默地照顾着家庭、孩子，是我强大的后盾。"

感恩，是杨海波一路走到今日从未忘记的。家人的支持、国家的培养，还有自己的奋斗不息，少了哪一样，也没有今天的杨海波。今天能够光荣地站在领奖台上，杨海波没有忘记背后的支持，正是这些爱和鼓励支持她走到今天，她要在今后的道路上更加努力，来报答自己获得的这些恩情。

从新人到典范

一路走来，众人都羡慕杨海波所获得的鲜花、掌声和荣誉。然而，在这光鲜表象的背后，哪里会少得了不为人知的付出和拼搏？哪里会少得了比别人加倍努力付出的汗水和泪水？

从杨海波被聘为厂培训师以来，凡是厂里举办的技术大赛，采油工种的团体和个人第一名几乎都是她的学员；凡是公司举办的技术大赛，采油工种的团体和个人第一名几乎都被采油四厂夺走。"杨海波劳模创新工作室"建成以来，已培训了6600多人次，300多人成为技师和技术能手。

还记得2012年4月20日，那个给了杨海波无限憧憬的会议——中国共产党黑龙江省第十一次代表大会在哈尔滨隆重开幕。杨海波作为大庆油田代表团成员之一，有幸去现场聆听了时任省委书

第八章　走向人民大会堂

⊙ 2013年3月,杨海波在人民大会堂做事迹报告

记吉炳轩所做的报告，并不时在笔记本上认真记录下会议精神和体会。"未来我们的奋斗目标是建设'五个龙江'，即'富强龙江、文明龙江、和谐龙江、大美龙江、幸福龙江'的战略决策。我们要保护好、建设好赖以生存的美好家园，让青山常在、绿水长流，造福龙江、无愧子孙……"吉书记的报告内容让坐在报告厅里的与会人员都感到激情澎湃，一组组鼓舞人心的数字铿锵有力，一项项求真务实的举措振奋人心，一幅幅宏伟美好的蓝图随之展开，他们仿佛已经看见了那个富强、文明、和谐、大美、幸福的龙江近在眼前，整个会场回荡着大家激动热烈的掌声。

同样感受着这份热情和激动的杨海波感触良多，心情久久不能平静。走出会场，杨海波还一直沉浸在报告中勾勒出的美好蓝图里，建设"五个龙江"的宏伟目标，令她兴奋不已。作为一名油田的基层员工，能够当选这次大会的党代表，杨海波感到既荣幸又激动，也感到了自己身上的一份责任。

吉书记在报告里曾说"油田稳大庆就稳，大庆稳龙江就稳"，这让身为一名大庆油田人的杨海波感到无比骄傲和自豪，这是对大庆油田的信任，也是对每个油田人的信任，但这句话同样也对大庆未来的发展提出了要求。

改革开放以来，黑龙江发生了翻天覆地的变化，大庆油田也在日新月异地快速发展。在变与不变中品读报告，在"五个龙江"中体味幸福指数的提升，继承了父亲光荣的石油人传统，从小沐浴着大庆精神、铁人精神长大的杨海波看到的是无尽的希望，她浑身充满干劲儿。作为一名大庆石油人，立足本职，干好

第八章　走向人民大会堂

⊙ 杨海波工作室的培训室，摆满了荣誉证书和奖杯

工作，努力投身油田科学发展、持续稳产的伟大实践中，为黑龙江经济社会发展再做新贡献，是杨海波无声的宣言。

如今，获得了两项荣誉、在人民大会堂发言的杨海波，觉得自己真的和同事们一起，为"五个龙江"的建设献出了自己的一份力量。她对故土的眷恋在这一刻喷薄而出，她想要立刻回到那片已经与她结下深深不解之缘的黑土地去。杨海波没有多做停留，直接选择坐最近一班的飞机回去。在机场，她拨通了父亲的电话："爸，晚上九点就能飞回大庆了！"

"我从晚上六点十五就一直看《油田新闻》这个节目，现在正在播你获奖的新闻，你可要把奖牌保管好了，那是咱全大庆人的骄傲啊！"

激动的泪水从人民大会堂出来后就一直流个不停。杨海波在自己的泪水中想到的是父亲、父辈们在油田艰苦卓绝的岁月。在她儿时的记忆里，父亲顶风冒雨上井刮蜡的身影是那么高大。很难说杨海波是不是在小的时候就希望成为跟父亲一样的人，但最终她还是这样做，并且做到了。她清楚地记得上岗第一天，父亲对她说："孩子，一定要踏踏实实地当个好工人！"这句话伴着她迈过一个又一个难迈的坎儿，也让她坚信：当个出色的好工人，别人能做到我也能做到，别人做不到的我也要努力做到，我要为咱石油人争光！

这一做，就是十九年。如今，杨海波已经拥有"采油高级技师""大庆油田最年轻的采油技能专家""集团公司采油技能专家"等荣誉称号，这些荣誉的背后，都有着无数同样奋战在第一线的石油人们对她以身作则的鼓励和无微不至的关怀。

2015年4月28日,杨海波再一次走进人民大会堂。

这一次杨海波被授予了"全国劳动模范"荣誉称号。

在大庆油田,在中国石油集团公司,在全省甚至全国的石油工人中,杨海波已经是一个典范。她苦练技能,在岗位上实现了从一名普通采油工到采油技能专家的蜕变:二十六岁被聘为采油技师;三十岁被聘为采油高级技师;三十三岁被聘为油田公司采油技能专家;三十六岁被聘为集团公司采油技能专家。

她带领三十名培训师创新培训方法,创新培训载体,总结了"5+4"特色培训法,开发了油田首套融知识性、娱乐性、互动性为一体的"员工自助学习系统"和针对员工职业技能鉴定题库学习的手机培训软件"海波题库通";她先后主编或参编专业书籍共十六部,其中2015年主编的《采油工艺流程设计与安装精解》为油田首部指导员工进行流程设计、改造、组装的专业书籍,由石油工业出版社出版发行;她立足本职岗位,攻关解难,为企创效,参加工作以来,共完成革新成果一百多项,获得国家专利三十七项……

这些履历,证明着杨海波的荣誉当之无愧!如果说刚进入技校时杨海波还为没能上大学感到遗憾,那么在这一刻,在神圣的人民大会堂中,感受着这庄严的气氛,面对着正前方巨大的国徽,杨海波感到的只有青春无悔!

如今,杨海波工作室成立已有十一年。这十一年来,杨海波带领着团队,用自己的坚韧、勤奋和创新精神让一批又一批的学生走上了技能成才这条道路，杨海波创立工作室最初的理想正在一点点地实现。"我希望我们的工作室能够越来越好，通过这种形式来带动更多的人、影响更多的人，让身边的员工都能在这个大好的时代中有所作为，让越来越多的人能够越走越好。"这是杨海波的殷切期盼，也是她一直以来不懈努力、为之坚持的信念。

杨海波对未来有很美好的展望，正如习近平总书记所说的：不能瞧不起产业工人，一定要看实际贡献！对于产业工人来说，现在是一个伟大的时代，杨海波希望自己身边的员工都能在这样的时代中，得到一个适当的平台去提升自己，实现每个人的全面发展。杨海波愿意也极力在创造这样一个平台，用自己的力量去带动更多的石油员工，这让她的工作充满了挑战和意义。如今的成就给杨海波带来的，不只是荣誉，更多的是责任，她愿意用自己的实际行动来承担这份责任，也更好地证明自己曾经的热情宣示：

"我热爱油田，热爱我的工作，热爱'石油红'！"

⊙ 2015年,杨海波被授予"全国劳动模范"荣誉称号,进入人民大会堂接受表彰

⊙ 2015年，杨海波（左二）被授予"全国劳动模范"荣誉称号后接受人民网采访

第八章　走向人民大会堂 | 137

⊙ 2017年，杨海波与全国著名劳动模范许振超签订师徒协议

◉ 2019年，杨海波当选黑龙江省第十二次妇女代表大会代表

永远的石油工人

大庆油田"功勋员工"、首届"油田工匠"、黑龙江省"五一巾帼标兵"、享受国务院政府特殊津贴、中国石油集团公司"特等劳动模范""全国妇女创先争优先进个人"、全国五一巾帼奖章获得者、全国五一劳动奖章获得者、全国劳动模范……

"黑龙江省技能大师工作室""黑龙江省劳模创新工作室""黑龙江工人先锋号""中石油集团公司铁人式先锋号""国家技能大师工作室""全国示范性劳模创新工作室"……

这些授予杨海波个人和她工作室的荣誉,都没有让杨海波停止前进的脚步。无论获奖时多么荣耀、多么激动,只要回到了工作岗位上,杨海波永远是那个踏实、勤恳的石油工人,这一点永远也不会变。

从人民大会堂回来的杨海波,好像跟走之前没什么两样,照样每天上课、备课、巡视,帮人解决厂里的"疑难杂症"。

一个初秋的午后,阳光中飘散着温馨的气息,因橙色的光晕显得格外大的太阳懒洋洋地挂在天上。午餐后的人们正在休息,培训室却飘出了方便面的味道,透过明亮的玻璃窗可以看到,一团红彤彤的影子围在一起,阵阵爽朗的笑声从里面传出来。

"小慧儿啊，你多吃点，这根肠给你，看你瘦的，到时候抡管钳也使不上劲啊！一会儿吃完了，我们再把拆装泵的细节过一遍！"杨海波把自己碗里的脆脆肠捞出来，夹到这个体重不到九十斤的瘦女孩碗里。

"师傅，你快吃吧，我这还有一根呢。你最近也瘦了，胃好点儿了吗？我妈说喝米酒养胃，回头我叫我朋友买来给你试试。"脆脆肠在小慧儿碗里打了个转儿，又回到了杨海波碗里。

"嗨，你们把心思都放在备考上，就别替我操心啦。小孟你每天坐公交来，一定要注意安全，别毛毛愣愣的，过路时看着点儿车！"

……

"王大一，不错啊，最近进步很大，明天我给你买巧克力，犒劳犒劳你，你们几个可要加油喽！"

……

"天宇，还有你，少熬夜，白天这么累，晚上回家就早点儿休息，你看你都快成熊猫眼了。来，把这个吃了补补。"

……

脆脆肠这次又被传到天宇的碗里。

在杨海波的眼里，这群"90后"就像自己的小弟弟、小妹妹，看着他们的成长和变化，杨海波打心眼里替他们感到自豪和欣慰。

"我吃完了。你们慢慢吃，都吃得饱饱的。我先去整理一下工具，一会儿咱们进行第八项操作练习，谁也不能剩饭哦！"杨海波放下碗筷,见没人了才稍微揉一揉隐隐作痛的胃部,她在工具间翻找着,这点疼痛并没有影响她的心情,"孩子们"的进步才是她最大的安慰。

零件图绘制课堂上,一个熟悉的身影吸引了在场学员们的注意,大家不禁小声议论着:"咦,坐在最后面的不是杨老师吗?她怎么也来听课了?"

一下课,同学们忍不住好奇心,立即围过来,七嘴八舌地问着杨老师:"杨老师,您怎么不讲课,反倒客串起学生了?"

"呵呵,老师也不是万能的,我也需要随时充电,以后我会经常来客串的。"

这位被同学们亲切地称呼为老师的人,正是杨海波。如今,她已经是集团公司的技能专家了。可不论获得了多少项荣誉,完成了在外人看来多么难以完成的伟大目标,她从来没有丝毫的懈怠和骄傲,从来都是做一名永远学习、永远进步的石油工人,她永远在完善着自身。

杨海波有这样一个人生信条:学习是我一生不懈的追求,只有用知识和技能武装自己,才能在人生的道路上走得更远、走得更自信。

2017年4月,中国石油天然气集团公司的技能专家工作室技术交流暨一线创新成果推广活动在大庆油田举行。参加这次活动的都是来自集团公司各企业、各专业的油气田开发、电力、炼化等所有石油行业的顶级技能专家。在这些"大咖"中间,有一道年轻又靓丽的身影,那就是来自大庆油田的石油女工杨海波。

参与活动的技术专家们一一发言，杨海波作为集团公司的"石油名匠"，是公司一直以来的重点培养对象。她在发言中表态："作为重点培养对象，我感到十分荣幸，也非常感谢企业的培养。在接下来的工作中，我一定会立足本职岗位，践行责任使命，发挥'石油名匠'作用，努力促进一线生产提质增效，为企业发展贡献自己的智慧和力量。"

"无论工作岗位怎么换，我始终觉得：我是个采油工，荣誉再高也不能丢了本分。"当被问到一起参加技术大赛的人都先后走上了干部岗位，自己为什么还坚持当一个采油工时，杨海波自豪地说，"我参加比赛也不是为了当干部呀！参加比赛是为了知识、能力有长进，就像我们搞革新，就是为了在现场管用啊。其实，当初我也有过聘干的机会，但是我觉得一线采油工作更适合我，我就想踏踏实实地当个好工人。"

作为一名"油二代"，杨海波从小就是沐浴着大庆精神、铁人精神长大的。"它对我来说，不只是口号，是耳濡目染的。这种精神对我们来说是非常朴实的，就是像父辈一样去工作。"杨海波小时候家庭条件不好，是父亲每天背着工具袋上井，撑起了这个家，是油田多年来的建设给杨海波的家庭和生活带来了翻天覆地的变化，所以对于油田，杨海波是有着一份特殊感情的。自己要在这一行做到好、做到老，就是要踏踏实实地当一个好工人，要有技能、会创新，并且将这种精神传承下去。

"我自己就是在师傅的带领下，一步步地在技术上、技能上成长、成熟，然后成为劳模工匠，所以我也想通过自己的言行带动更多的年轻人。在我最迷茫的时候，是师傅像一盏灯一样，让我看到了前进的目标和方向，现在我也希望化作这一盏灯，指引在岗位上感到迷茫的年轻人。"

对于大庆精神、铁人精神的朴实理解，和脚踏实地将这一系列精神落实在自己的工作和言行当中，杨海波一直以来都在践行着自己的诺言。工匠精神，就是工人的岗位，再加上匠人对标准的追求，精益求精，矢志不渝，并且感到乐在其中的幸福。杨海波做到了，她在让自己感到幸福、让他人感到温暖和鼓舞的石油工人岗位上坚守如一。从1994年至今，那个以身为一名石油工人为荣的杨海波从来没有改变。

永远不骄不躁，永远知足感恩，永远奋勇当先，永远勇往直前，这是对石油工人杨海波最好的概括。

⊙ 2017年，杨海波（左三）与团队成员参加国家创新创业博览会

第八章　走向人民大会堂 | 145

⊙ 2017年11月，杨海波参加上合组织国家职工技能大赛